中外女性领导力研究丛书

女企业家个人品牌建构与传播策略研究

宫月晴 著

中国传媒大学出版社
·北京·

总 序

吴启迪

本套丛书系教育部哲学社会科学研究重大攻关项目“高等教育大众化与媒介融合时代菁英女性培养与领导力提升研究”(项目号:15JZDW002)的成果。

20世纪90年代以来,国际社会呼吁性别议题和性别关切应该纳入社会发展主流,借此改变人类文明进程。1995年在北京举行的联合国第四届世界妇女大会上明确提出“社会性别主流化”的行动纲领。这一行动纲领具有长期的指导意义,是引领人类性别文明的“亚历山大灯塔”。“社会性别主流化”意味着:在社会实践或研究领域洞悉性别问题,作为原因、作为交织影响或作为结果;在法规政策制定和实施中确立性别支持框架,作为顶层设计、作为微观透视或作为合法性论证;在媒体呈现报道里规避性别污名化或复制性别歧视偏见,作为议程设置、作为新闻人价值立场或作为普遍的职业操守。社会性别主流化自然亟待全社会的努力,但是从吁求到行动,及至落地生根,都离不开菁英女性作为先行者的探索和开拓,作为“光源”的引导和辐射。菁英女性的培养和领导力提升,是性别平等事业新历史节点的关键所在。

高等教育大众化及至普及化时代,女性在各行各业的领导力呈现,成为性别平等的新表征。自2006年起,世界经济论坛每年发布《全球性别差距报告》,从经济机会、政治赋权、教育成就、健康和生存四个维度对全球不同国家的性别差距状况进行衡量。根据世界经济论坛最新发布的报告(2020),教育成就以及健康和生存两个子指数分别为96%和97%,基本实现了性别平等;经济机会、政治赋权两项指数分别为58%和25%,这说明女性经济参与与机会不充分,政治参与严重不足。历史地看,经济与政治指数仍然是历史进步和积极干预的结果,同时醒目的数据也让世人更直观地了解并审视"性别差距",严肃对待并改变造成性别差距的政策、环境和无形的惯习。

性别差距未被纳入视野,甚或性别平等尚未成为议题的漫长历史阶段,我们可以称之为领导力的性别缺失时代,不言自明,这时领导力等于男性领导力,概念内涵上领导力意味着单一性别即男性的领导本质和特征;这时无论是领导力的经验采撷还是理论探讨,都受制于单调而畸形的性别光谱。本套丛书既从理论上探索女性领导力的实质内涵和本质特征,发掘女性和领导力相遇的丰富思想空间,也关注菁英女性实践所焕发、闪烁的新领导力精神、新领导力文化,同时关切媒介环境变迁中女性活跃的生活世界、"她时代"的新气象和女性面临的新问题。此外还特别关注女性领导力生成机制和社会支持网络。研究表明,在侧重性别培养的教育机构中,性别赋权取得了更显著的成就,其思想火种也更可能随之传播出去,而女性继续教育亟待持续规划和系统政策支持。

性别问题在世界不同地方、不同领域呈现出各自的急迫和重点,有的在为性别机会均等努力,在漫长的学制中教育机会均等也呈现出差异图景;有的或重心落在性别平等在不同领域的差异上,如聚焦女性参政情况、学术领域的隐性性别歧视等;比较一致和普遍的关切是在整个职业生涯中女性发展有形的掣肘和无形的障碍,这方面的政策缺位格外突出。研究还关注国际组织的女性发展政策、欧洲女性参政的光谱,中国传媒领域菁英女性领导力、教育领域中女大学生的成长等问题。伴随新科技塑造的媒介环境,女性日常生活变迁和积极表现是世人瞩目的议题,因而也被纳入丛书研究的视野。

本套丛书围绕菁英女性培养和女性领导力提升展开,但是需要申明的是,性别意识不仅仅是女性教育或女性领导力培养需要特别关注的。隐含或隐藏的性别偏见、性别歧视对两性都造成了困扰和伤害，即使是在充满男性优势地位的世界里，真正的性别及其人格担当并没有建立起来。男性、男孩的教育也应该贯穿于整个学制中，而现实往往是既缺乏女性教育，又缺少男性教育。教育是要构造未来世界的，性别意识、性别议题应该首先与教育制度、教育文化相融合。基于性别的自我理解、同情理解、相互理解之愿景和实践，将引领我们走向新世界和新文明。

目 录

导 论

具有影响力的中国女性企业家是中国女性领导力的中坚力量，研究她们的个人品牌建设，就是用发展的眼光看待女性领导力，用探索的精神发掘女性领导力的无限潜能。“个人品牌”概念源自“个人营销”，是指个人外在形象和内在涵养共同传递的独特的、鲜明的、易被感知的信息集合体，它能够引起消费者在认知和消费模式上的改变。个人品牌具备价值属性，是品牌营销的重要组成部分，在女性力量日益壮大的今天，具有不容忽视的作用。如何有效、合理地经营女性个人品牌，进而实现女性个人品牌价值的最大化，是本书研究的核心要义。

尽管目前国内外关于个人品牌的研究在理论建设和基础阐述层面已较为系统，但女性个人品牌建构和传播的成果仍显单薄，尤其是与女性个人品牌价值相关的学术著作较少，因此本书对女性个人品牌建构与传播的研究具有一定的现实意义和学术价值。

首先，丰富了女性个人品牌建构与传播的研究视角。女性个人品牌的建构与传播研究是个人品牌向女性群体的衍生，是一类非常特殊且意义重大的个人品牌建构，对其进行研究必定会给个人品牌理论的丰富与拓展提供新鲜视角。本书创造性地选取了优秀的女性企业家为研究对象，为青年女性的创新创业提供了借鉴。其次，搭建了个人品牌建构的理论机制。研究女性个人品牌的建构与传播，不仅要在含义上做更系统的界定，而且要在理论层面对女性个人品牌的建构与传播机制进行一定程度的深化和拓展。本书创造性地分析了女性个人品牌的建构体系，提出了女性个人品牌建构的模型。最后,建立了优秀女性企业家个人品牌案例库。本书选取了近二十位中国颇具影响力的女性企业家作为研究对象,从她们个人品牌建立的定位、识别、传播、管理等方面进行了系统研究,对中国女性尤其是青年女性的发展具有一定的参考价值。本书还创造性地关注了青年女性企业家的个人品牌发展,她们的成长背景、经历和内在精神,更契合当下社会的女性特点,对当代青年女性群体具有启示和借鉴意义。

本书的研究内容主要由三个部分组成。第一部分为理论建构,主要以介绍个人品牌的界定和内涵为切入点,阐明个人品牌的定位、识别建设、传播以及管理等几个方面的理论支撑;第二部分为案例分析,以前文的理论支撑为研究基础,对近二十位有影响力的中国女性个人品牌进行系统的案例分析;第三部分为理论创新,分析女性个人品牌建构的受制原因和成功要素,总结女性个人品牌的建构和传播特征,提出相应的建议措施。

经研究,在不同的政治、经济、文化、教育背景下,虽然女性个人品牌的发展会在不同程度上受到社会背景、国家政策、组织环境、家庭情况、自身条件等因素的制约,但是个体的自我完善、组织的关注与培养、社会的支持和保障可以是帮助女性冲破束缚、获得成功的有力条件。具体地说,首先,女性需要透过个人与企业的关系,选取适合自己的品牌定位;通过理念识别、行为识别、形象识别扩大个人品牌的差异化优势。其次,在品牌传播方面,可以通过明确个人定位和目标群体、理解媒介作用、确定最佳媒介组合、定期测量效果等环节提升品牌影响力。最后,对于如何管理与维护好个人品牌,本书提供了三类建议措施:重视女性个人品牌的发展困境、创新女性个人品牌的沟通渠道、建立女性个人品牌的评价体系。

第一章 绪论

第一节 研究背景

一、政治背景

(一)政策环境保障女性权益

中国社会性别制度经历了从“男女有别”、政治型“男女平等”到努力建构“发展型性别平等”的历史变迁。

1979 年在联合国大会上通过的《消除对妇女一切形式歧视公约》提出:“国家充分和完整的发展,世界的福利以及和平的事业需要妇女与男子享有平等地位,最大限度地参与所有领域。”我国是最早签约的国家之一。

1992 年 4 月 3 日,第七届全国人民代表大会第五次会议通过了《中华人民共和国妇女权益保障法》,妇女的合法权益得到了保障。该法有力地促进了男女平等,是保障妇女权益的重要途径。

1995 年召开的第四次世界妇女大会围绕着“以行动谋求平等、发展与和平”的主题,在《行动纲领》上列出了 12 个关注领域,即妇女与贫困、妇女的教育与培训、妇女与保健、对妇女的暴力行为、妇女与武装冲突、妇女与经济、妇女参与权利和决策、提高妇女地位的社会机制、妇女的人权、妇女与媒体、妇女与环境、女童。这次大会推动了我国现当代知识女性共同体的发展。

《北京市“十二五”时期妇女发展规划》明确提出了“建立并完善立法中的性别平

等审查工作机制”的目标任务和“贯彻男女平等的基本国策，建立立法审核中针对性别平等的审查程序，不断完善、维护妇女合法权益的地方性法规规章”的策略措施。

2013 年 5 月，北京市建立了政策法规性别平等评价委员会，在 2014 年对《北京市统计条例》进行了性别评价，该委员会提出要在统计工作中加入性别统计。10 月 31 日，习近平总书记在同中华全国妇女联合会（以下简称全国妇联）新一届领导班子集体谈话时指出：“要坚定不移走中国特色社会主义妇女发展道路，这是实现妇女平等、依法行使民主权利、平等参与经济社会发展、平等享有改革发展成果的正确道路。”①

2014 年，《家庭暴力防治法》被列入十二届人大立法计划，相关议题还包括公共场域和工作领域的性骚扰问题、女童保护问题等。②

2015 年 9 月 27 日，习近平总书记在全球妇女峰会的开幕式上，发表了题为《促进妇女全面发展 共建共享美好世界》的重要讲话。讲话指出：“妇女是物质文明和精神文明的创造者，是推动社会发展和进步的重要力量。没有妇女，就没有人类，就没有社会……没有妇女解放和进步，就没有人类解放和进步。”③

2017 年 10 月，习近平总书记在十九大报告中说，要坚持男女平等的基本国策，保障妇女儿童的合法权益，完善社会救助、社会福利、慈善事业、优抚安置等制度，健全农村留守儿童和妇女、老年人关爱服务体系。④

（二）女性政治参与度逐步提升

1992 年 4 月，《中华人民共和国妇女权益保障法》颁布并实施，为女性的全面发展创造了良好的法制环境。这不仅是女性参与政治的结果，而且是女性参与政治的法律保障。1993 年 9 月在北京召开的第七次全国女性代表大会，为我国女性事业的发展指明了方向并提出了新的目标。1995 年 7 月，国务院通过了《中国妇女发展纲要（1995—2000 年）》，这是我国女性工作的纲领性文件，同时也是我国第一部关于女性发展的全面而系统的总体性规划。这项文件既能维护我国女性的合法权益，又能促进我国女性的全面发展。

---

① 韦冬梅.论当代女性人才发展的机遇与挑战[J].传承，2015(12)：120-121.

② 佟新.现当代知识女性共同体的发展[J].北京大学学报（哲学社会科学版），2015，52(5)：136-142.

③ 艾玉波. 当代中国女性地位变化下的消费异化问题研究[D].长春：吉林大学，2016.

④ 辛闻.习近平：妇女是人类历史前进的推动者[EB/OL].(2018-10-20)[2019-02-11].http://news.china.com.cn/2018-10/20/content_66821914.htm.

自新中国成立后，尤其是改革开放以来，我国女性参与政治的积极性大幅提高，女性干部队伍不断壮大。有数据显示，2009 年，在省部级及以上、地市级和县处级领导干部中，女性正职所占的比重分别为 7.3%、10.4%和 14.8%。[①] 2012 年，十八大北京市代表团共有 63 名代表，其中女代表 25 名，比例占到了近 40%。[②]

此外，各层次的人民代表大会、中国人民政治协商会议中的女代表、女委员的人数也在不断增长。2014 年，经全国各地选举产生的第十二届全国人民代表大会 2，987 名代表中，女性代表 699 名，占代表总数的 23.4%，比第十一届全国人民代表大会提高了 2.07 个百分点。在第十一届中国人民政治协商会议全国委员会委员中，女性委员 399 人，占总数的 17.8%，比上一届提高了 0.1 个百分点，参政议政的女性人数稳速增加。

在第十三届全国人民代表大会的 35 个选举单位中，23 个选举单位的女代表比例有所上升，5 个选举单位的女代表数量与上一届持平，参政议政的女性人数呈现出普遍上升的良好态势。其中，上升幅度最大的是辽宁，提高了 13.73 个百分点，其次为台湾、福建和西藏，分别提高了 7.69、5.41 和 5 个百分点。海南、广西、陕西、河北、贵州 5 省紧随其后，上升幅度在 3 个百分点以上。[③]

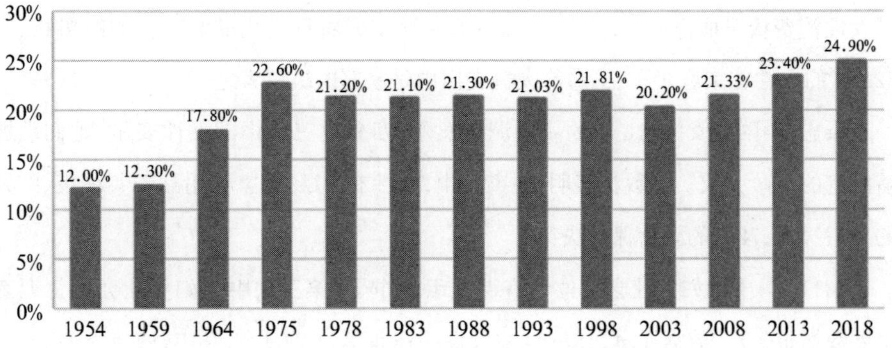

图 1-1　历届全国人民代表大会参会女代表百分比

---

① 吴瑶.女性参政议政比例逐年提高[EB/OL].(2013-03-08)[2019-04-15].http://news.sina.com.cn/c/2013-03-08/051926464579.html.

② 艾玉波.当代中国女性地位变化下的消费异化问题研究[D].长春:吉林大学,2016.

③ 第十三届全国人大女代表比例达 24.9%，再创新高！(附女代表全名单)[EB/OL].(2018-02-26)[2019-07-21].http://www.sohu.com/a/224086272_563987.

(三)性别歧视仍然制约女性发展

从社会性别视角出发,影响中国女性职业发展的因素包括以下几个方面:第一,国家通过意识形态、法律、公共政策等形成了当代中国性别制度,男女在形式上平等,但在实际上并不平等;第二,社会对女性的工作能力存在偏见,形成了"看不见的天花板"效应,阻碍了女性向高级职位的升迁。第三,教育文本也反映了性别歧视的社会观念,大众传媒自觉或不自觉地传达并塑造着女性不宜"过分"进取的社会性别理念。

尽管性别平等已经成为共识,但家务仍是女性的专属,女性面临着家庭与事业的矛盾、冲突。女性缺少积累社会资本的社会条件,组织内由于效益优先原则也不倾向于对女性群体进行人力资本投资。① 在决策层中,男女比例差距明显,进入核心决策层的女性较少。在决策机构中,女性被边缘化,这在很大程度上制约了她们在制定、执行、监测、评价等各个环节中所能发挥的影响力,使她们难以实现自身价值。②

二、经济背景

(一)家庭经济决策权逐步增强

2005 年度华坤女性生活调查中心对北京、上海等 8 个城市的 1,000 名女性进行了女性消费状况抽样调查,其中,77.3%的女性掌握着日常用品及衣食的购买权,有 22.7%的女性在家庭买车、买房等大额支出中是家庭的决策者之一。

杂志《中国妇女》2010 年的一项调查显示,四分之三的中国女性表示,她们掌握着家庭的财政大权。有数据表明,在家庭中,女性有 91%的家具用品购买决策、87%的度假决策、72%的医疗保健决策。

2011 年,中国妇女社会地位调查课题组发布了《第三期中国妇女社会地位调查主要数据报告》。数据显示,18—64 岁女性的在业率为 71.1%,其中,城镇为 60.8%,农村为 82.0%;而男性的在业率为 87.2%,城镇和农村的在业率分别为 80.5%和 93.6%。在业妇女在第一、二、三产业中的比重分别为 45.3%、14.5%和 40.2%。据统计,中国 22%的 CFO(chief financial officer,首席财务官) 由女性担任,并且有相当数

---

① 张小莉. 社会性别视角下当代中国女性党政领导人才职业发展研究[D].大连:辽宁师范大学,2014.

② 张晓利. 当代我国女性政治参与的理论与实践研究[D].泰安:山东农业大学,2014.

量的女性进入中高层管理职位，越来越多的女性实现了经济上的独立与自主。2011年6月，全球著名的市场监测和数据分析公司尼尔森发布的《女性消费者报告》显示，现代中国女性是家庭收入的重要支柱，随着消费能力的不断上升，女性获得了更多家庭的购物决定权。

中华人民共和国商务部研究院《2015年消费市场发展报告》的数据显示，全国75%的家庭总消费由女性决定，无论是在社会还是在家庭中，女性都无疑是消费的决策者，以女性为中心的消费主义成为新的主流。此外，女性青睐的智能生活消费、绿色环保消费、全球时尚消费已成为消费热点，其GDP占比有望突破50%，是“三驾马车”中拉动力最强的一驾。麦肯锡公司调查了全球95个国家，这些国家居住着全球93%的女性，而这些女性贡献了全球97%的GDP。有报告表明，2015年，我国女性对GDP的贡献值在40%到41%之间。①

2016年的百度糯米大数据显示，女性在家庭中逐渐成为消费决策者，50%的男性专属产品由女性购买。可见，在当代的消费大潮中，中国女性已经成为消费的主力军，逐步被视作经济发展的新契机和重要的利润支撑者。

2018年，智联招聘通过抽样调查，在全国31个省份对不同行业、不同年龄层次的就业者进行了问卷调查，对女性职场发展状况进行了深入分析并发布了《2018年中国女性职场现状调查报告》。结果显示，女性对家庭经济的贡献已经达到了35%。②

(二)社会财富取得权备受制约

1995年前后，联合国开发计划署在各类发展项目中加入了社会性别的理念，强调女性要参与社会发展。借助第四次世界妇女大会，大量的性别和发展项目进入中国，性别参与和发展的理念得以普及。③ 近些年，我国女性社会地位上升，女性就业比例在全球居于首位，达到了70%。④ 尽管如此，女性的经济地位仍处于劣势。

---

① 艾玉波. 当代中国女性地位变化下的消费异化问题研究[D].长春：吉林大学，2016.

② 中国吉林网.调查报告显示 女性对家庭经济的贡献已经达到35%[EB/OL].(2018-03-08)[2019-06-07].http://www.jl.chinanews.com/tbgz/2018-03-08/34539.html.

③ 佟新.现当代知识女性共同体的发展[J].北京大学学报(哲学社会科学版)，2015，52(5)：136-142.

④ 艾玉波. 当代中国女性地位变化下的消费异化问题研究[D].长春：吉林大学，2016.

1954年,男女同工同酬被写进宪法,然而部分单位在待遇上仍存在性别歧视。[①]在中国,女大学生在劳动力市场上受到的不公平对待常表现在如下方面:一是女大学生在求职过程中很容易受到显性或隐性的歧视;二是女大学生的就业结构明显劣于男生,"高能低就"现象普遍存在;三是相同专业,女大学生的实际收入低于男生。[②]

《2018年中国女性职场现状调查报告》显示,女性在平衡家庭与工作之间耗费的时间与精力更多。整体上,女性投入家庭的时长多于男性,且这一差距在已婚的情况下被拉大至9%。在工作选择上,职场女性,尤其是已婚职场女性的首要考虑因素是"上下班方便",而职场男性首要考虑的因素是"能获得成长和发展"。

三、文化背景

(一)女性视角成为文化传播的独特方式

1995年,联合国第四次世界妇女大会通过的《行动纲领》提出:"将社会性别意识纳入决策主流。"同时,马克思主义妇女理论因为代表了广大妇女的利益,以实现人的自由全面发展为最高目标,因而变得大众化。这里的人包括男人和女人,在本质上蕴含着男女平等、共同实现自由全面发展的崇高理想。马克思主义妇女理论的大众化给塑造女性的价值观、培养女性独立的人格、给女性成才提供了多方面的机会。[③]

"女性艺术"在中国当代艺术中崛起的必然性,是由中国当前的社会形态、经济文化结构及艺术生态的成熟程度所决定的。赵红燕从三个方面入手,对当代女性艺术发展繁荣的背景进行了分析:一是社会形态的进步使传统意义上的女性权利不断提升,进而使女性参与社会活动成为可能。二是经济文化结构的变化,特别是中国当代的文化形态和文化传播途径产生的巨大变化使得女性在宽松的文化形态中完成了人格的独立和自我价值的认定。女权和女性对自我价值的认定既是女性精神个体成熟的标志,又是女性艺术成熟的第一条件。三是中国当代艺术形态的发展状况、当代艺术生态和艺术商业机制的建立,为当代女性艺术提供了更大的生存空间和独立的经

---

① 尹丽娜.当代中国女性发展问题探析[J].开封教育学院学报,2014,34(12):293-294.

② 刘伯红.女性与高等教育:让机会平等与结果平等双赢[N/OL].中国妇女报,2018-07-03[2019-09-21].http://www.paper.cnwomen.com.cn/content/2018-07/03/050510.html? sh=top.

③ 韦冬梅.论当代女性人才发展的机遇与挑战[J].传承,2015(12):120-121.

济立场。这三方面背景因素的互相支撑,使得女性艺术在世纪之交崛起。①

(二)女性商品化倾向损害女性形象

首先,市场经济影响了女性的价值观念,市场经济的负面效应带来了女性商品化的倾向。女性的商品化属于物化但不同于物化,它更能揭示当前女性的社会处境。人们对身体的消费,多侧重于身体所承载的符号价值层面,比如追求视觉上的快感和对欲望的满足。过分关注身体的符号价值,会使身体的物质性被忽略,呈现出一种符号不断增值而身体不断退隐的现象。其次,传统性别观念回潮。受传统性别文化的影响,人们对女性的角色定位依然是“男强女弱”“男主外、女主内”,这些传统的性别刻板印象影响着女性的价值观,进而左右了女性的形象塑造和发展方向。②

四、教育背景

(一)女性受教育程度明显增高

根据《中国统计年鉴》以及《中国教育统计年鉴》等数据,1978—1999 年,在校大学生的女性比例在不断提高,但始终未超过 40%;1999 年开始实行扩招政策后,在校大学生中的女性比例逐渐达到 50%左右;2005—2010 年,高等教育在校人数男女比例快速缩小;2008 年,高等教育在校男女人数几乎持平。资源总量持续地大幅度增加,为女性带来了更多的机会,高等教育领域的性别平等逐渐成为现实。扩招之前,接受高等教育的男女比例为男 18.38%、女 12.79%;扩招之后,该比例变为男 37.52%、女34.71%。可见,女性获得高等教育的比例比男性上升得更快。③ 2010 年更是发生了历史性的飞跃,女性获得高等教育的比例达到了 50.86%,首次超过了男性;2014 年年底,普通高校在校学生为 2,547.7 万人,其中,女大学生有1,327.8万人,占全部在校生的 52.1%;这一数据在 2015 年更是高达 52.4%,超过男性 4.8 个百分点。国内校招平台梧桐果出版的《中国校园招聘蓝皮书(2018 秋招)》数据显示,在 2018 届高校毕业生中,女生占比 52%,男生占比 48%,女生比男生占比高出 4 个百分点。

---

① 赵红燕.论中国当代女性艺术得以发展繁荣的背景因素[D].石家庄:河北师范大学,2008.

② 韦冬梅.论当代女性人才发展的机遇与挑战[J].传承,2015(12):120-121.

③ 张兆曙,陈奇.高校扩招与高等教育机会的性别平等化:基于中国综合社会调查(CGSS2008)数据的实证分析[J].社会学研究,2013,28(2):173-196,245.

北京大学近30年(1978—2005年)的本科招生数据揭示了女性进入北京大学所经历的从性别排斥到性别均衡的过程。自1999年开始实行高校扩招之后,受高等教育的机会在性别间的分配逐渐走向平等化:父辈文化程度为初中的"次低文化层次"群体,扩招为这一层次的女性带来了更多的高等教育机会;农村地区的女性也在接受高等教育机会方面缩小了与男性之间的差距。

利用入学率和机会指数等进行研究的结果显示,男女学生参与高等教育的机会均在不断上升;无论是整体还是在不同类型的高校中,男生的优势趋于下降而女生的优势开始凸显;学科中的性别隔离现象始终存在,且逐渐由"男理工女文艺"向"男理工女文教"转变;男女学生在学科中的分布趋于扁平化,分布范围有所拓宽(如表1-1所示)①。

表1-1 男女学生学科分布情况(福建省)

时间	高校教育入学率		重点高校学生性别比例	
	男	女	男	女
1982年	1.7%	0.5%	74.6%	25.4%
2000年	5.5%	3.5%	53.3%	46.7%
2010年	16.5%	18.1%	43.2%	56.8%
2015年	25.7%	35.8%	37.6%	62.4%

(数据来源为福建省人口普查资料等)

(二)女性社团助推女性赋权

高校和研究机构成立了女性社团,这些社团多冠以"妇女/性别研究中心"等名字。1993年之前,全国只有5个高校妇女研究中心;1993年9月至1995年5月增加到了18个。1999年,全国妇联妇女研究会成立,由全国妇联主管。2006年和2013年,全国妇联和中国妇联妇女研究会分批与32家单位合作,共同建立了"妇女/性别研究与培训基地",形成了高校、社会科学院、党校、全国妇联"四位一体"的女性学术共同体。到了2014年,北京大学、中央民族大学、中华女子学院、中国传媒大学、中国农业大学、中国人民大学、首都师范大学、北京外国语大学皆设立了"女性/性别研究培训基地"和"女性/性别研究中心"。这些机构推动了大学跨学科的性别研究和女

① 王伟宜,段欢欢.从精英到大众:男性接受高等教育的机会变化研究:基于1992—2015年福建省的实证调查[J].福建师范大学学报(哲学社会科学版),2018(4):140-148,167,172.

性/性别课程的开设。2006 年,“妇女/社会性别学学科发展网络”成立。以 2020 年国家社会科学基金立项和 2020 年中国人文社会科学核心期刊二者重叠的前 50 个关键词为依据,通过中国人民大学书报资料中心大数据所显现的“热点”问题可以看出,在社会学领域,“女性”一词排序第 7 位,“性别差异”一词排序第 17 位;在艺术学领域,“女性”一词排序第 12 位;在文学领域,“女性”一词排序第 16 位;在体育学领域,“中国女排”一词出现在第 42 位。随着女性社会参与的日益广泛和性别问题的逐步凸显,与女性有关的研究进一步向其他各个学科延展,如 2020 年的国家社会科学基金年度项目和青年项目立项中,共有 49 项与妇女、女性和性别相关,涉及 16 个学科,其中,社会学、文学、人口学位居前三,这些都从侧面反映了女性与社会生活的密切关联以及妇女研究的跨学科特性。①

第二节 国内外的个人品牌研究综述

一、国外研究

“个人品牌”这个概念源自“个人营销”,是营销理论在个体层面运用和发展的体现。最早关于“个人营销”的论述出现在《孤独的人群》这一社会学名著里,作者大卫·里斯曼区分了两种性格类型:“内在导向”的个人,其自我被一种有力的价值观所围绕且稳定地组织起来;“他人导向”的个人缺乏内在核心,沉迷于赢得别人的赞同。从推销个人的市场越来越发达中可以看出,“他人导向”的人群数量非常庞大,且在不断扩张。19 世纪 50 年代,艾里希·弗洛姆在《健全的社会》一书中提到了美国人的“营销倾向”,指出个人把自己作为一种可以在市场中获得成功的物品来体验,价值感来自是否能把自己卖个好价钱。如果一个人不能把自己变成一笔收益丰厚的投资,那么他就会感到自己是个失败者。②

之后,“个人品牌”逐渐脱离了“个人营销”而独立发展起来。戴维·麦克纳利和卡

① 畅引婷.妇女/性别研究的跨学科性与学科发展[EB/OL].(2020-12-14)[2020-12-20].http://epaper.cnwomen.com.cn/content/2020-12/15/074487.html.

② 袁王珏.全球化时代公共外交中的国家领导人品牌建构研究[D].上海:上海外国语大学,2013.

尔·斯皮克认为,品牌建设不仅是企业行为,而且企业可以通过塑造杰出的品牌来推动自身发展、走向成功。同样地,个人也可以采取这种方式来获得成功。他们主编的《个人品牌》一书非常详细地阐述了如何创造强有力的"个人品牌",创造性地提出了个人品牌应具备的3个基本特征:独特性、相关性、一致性。这3个基本特征共同决定了个人品牌的实力。这一见解得到国内外学者的普遍赞同,被引用到许多相关研究中。

进入20世纪90年代,美国出现了一批指导个人进行自我管理、自我推销的专家,这些专家出版了《个人品牌50》《成为你自己的品牌》等著作。此类著作开创了从管理学的角度研究个人品牌的先河,为之后的个人品牌建设研究提供了主流的研究思路。

管理学大师汤姆·彼得斯在《个人品牌50》中介绍了把自己从"职员"打造成"品牌人"的50种方法。他首次提出了"白领革命"以及"品牌人"的概念,认为"品牌人"具有"市场价值",需要把个人作为一个项目或一家公司来进行管理。学者安迪·海恩斯从管理学的思路继续深化对个人品牌的探讨,他提出个人品牌要平衡好"个性"和"技巧",个人品牌最重要的元素是"诚实的品质",应该表现出一个人最真实的一面,把自己坚持的意见融入自己的个人品牌。

营销学大师菲利普·科特勒和传播学家欧文·瑞恩的合著《塑造知名度——科特勒论个人品牌营销》则把对个人品牌的研究引入了营销学的领域,着重研究建立个人品牌在创造个体竞争力和市场机会方面的作用,分析了不同领域的个体在追求个人品牌知名度时所采取的策略存在哪些差异。两位专家认为,个人品牌等同于个人所建构出的高知名度,因此每个人都可以被塑造成品牌。他们还创造性地从营销视角出发,系统地分析了塑造个人品牌所要经历的每个阶段,其中包括个人品牌的产生、测试、提炼、实现、传播及保持等过程。

学者约翰·布里斯等从咨询产业的角度研究了个人品牌的建设问题,认为个人品牌建设的兴起能够为咨询业带来丰厚的利润,因为个人品牌的建设需要得到个人价值定位的指导,而这方面正是咨询业所能提供的。约翰十分看重个人的目标市场设定对个人品牌建设方面的影响,认为在区分目标市场的基础上进行个人品牌建设的三个步骤是提出个人观点、确定个人基调、明确目标平台。

回顾以上的研究成果可以发现,国外对于"个人品牌"及其建设非常重视,从营销、咨询等多个视角及领域展开了充分的研究，形成了一定的理论体系，具有较高的学术价值，对本书也有较强的借鉴意义。

二、国内研究

国内对于"个人品牌"的研究起步较晚，关注点比较发散，研究方向和研究成果多集中于个人在职场中的影响力、个人能为企业带来的潜在经济效益，强调的是个人品牌的市场驱动力，从投资、回报等角度解析个人品牌的价值。例如，衷雅璇的《浅谈个人品牌资产评估》对"个人品牌资产评价"进行了相关研究；李光斗的《web2.0 时代如何建立个人品牌——网络红人成名秘笈》分析了网络时代下如何建立个人品牌以及 web2.0 的体验式传播对个人品牌营销带来的冲击；邓艺梅《解析个人品牌标志的语言特征》则分析了个人品牌标志所具有的语言特征；费远强、周爱梅在《如何打造个人品牌》中提出"个人品牌就是把个人塑造成品牌，把人生当作一个目标极度明确的过程来经营"，同时还提出了个人品牌的四大特征——"质量保障、持久可靠、社会认可及无法复制"；许文锋在《解析个人品牌》一文中对个人品牌的概念与构成做出了自己的分析；杨艾祥的《把自己做成品牌》、刘广迎的《个人品牌》以及周玉波的《高质量生存法则：创立个人品牌》则是国内学者对个人品牌研究所取得的最新成果。

国内对个人品牌研究最为全面的学者之一是徐浩然，他把职业生涯理论、长尾理论、社会注意力资源价值理论和评价方法等引入了个人品牌的研究范畴，较大地丰富了个人品牌的理论研究基础，开创了新的研究思路。他从个人品牌建设的角度出发，创立了"个人品牌 45 度管理理论"，还得出了"个人品牌曲线"——将"人的生命时间"作为横轴参考值，将"个人影响力"作为纵轴参考值，大致将个人品牌分为了以下 5 种类型：直线型、马鞍型、驼峰型、下坡型和 45 度角型。[①]

可以看出，虽然国内对个人品牌的研究取得了一些成果，但与国外的相关研究相比，仍在理论性与系统性上有所欠缺；从个人职场发展角度进行的个人品牌建设与管理，存在较大的局限性。

综上，尽管目前关于国内外个人品牌的研究在理论建设和基础阐述层面上已较为系统，但针对女性个人品牌建构和影响的研究成果仍显单薄，与女性个人品牌价值

---

① 徐浩然.个人品牌 学会自我经营的生存法则[M].北京：机械工业出版社，2007：19-22.

相关的学术著作也还没有问世，因此，本书对于女性个人品牌建构与传播的研究具有一定的现实意义和学术价值。

第三节　研究内容与研究价值

一、研究内容和研究方法

本书由三部分组成。第一部分为理论建构，主要以个人品牌的界定和内涵为切入点，阐明个人品牌的定位、识别建设、传播以及管理等几个方面的理论支撑；第二部分为案例分析，以前文的理论支撑为研究基础，选取近二十位有影响力的中国女性个人品牌进行系统的案例分析；第三部分为理论创新，分析女性个人品牌建构的受制原因与成功要素，总结女性个人品牌的建构和传播特征，提出相应的建议措施。

本书主要的研究方法为文献分析法和案例分析法。以传播学为指引，结合品牌学进行论证，通过对国内外文献的搜集和整理，总结出个人品牌的建构与传播模式；再通过网络、文献等多种方式获得研究资料，运用案例分析法对近二十位女性个人品牌进行分析，在此基础上展示女性个人品牌的建构与传播模型，提出建构和传播女性个人品牌的具体策略。

二、研究框架

本书的研究框架如下：

第一章 绪论
↓
第二章 个人品牌建构的理论基础
↓
第三章 国有企业转型时代成就中国影响力女性
↓
第四章 大型民营企业发展助推中国影响力女性
↓
第五章 影视文化产业彰显中国影响力女性
↓
第六章 网络科技浪潮打造中国影响力女性
↓
第七章 创新创业时代涌现中国影响力女性
↓
第八章 女性个人品牌建构与传播策略分析

第一章为绪论，主要交代研究背景与研究价值，概括全文的研究思路、研究框架、研究方法等。

第二章的主要内容为辨析概念。概念是理论研究的基础和逻辑起点，要明确个人品牌的建构，就要厘清个人品牌概念的定义，再通过对个人品牌建构流程进行梳理，从定位、识别、传播、管理四个维度系统分析女性个人品牌建构与传播的内在逻辑。

第三章至第七章主要分为五个类别，对近二十位中国有影响力的女性企业家进行案例分析，同时对中国女性个人品牌建构进行系统研究。

第八章是对全文进行的概括与总结，归纳女性个人品牌的建构特征，并通过案例分析揭示女性个人品牌发展的受制因素和成功原因，最终提出相应的建构与传播策略。

三、研究重点、难点和创新点

（一）重点

在各行各业中，尤其对于创新型企业而言，成败在很大程度上是由企业领导者的个人品牌决定的。个人品牌作为品牌成员中的一分子，同样具备价值属性，如何有效、合理地经营女性个人品牌进而实现女性个人品牌价值的最大化，是本书探索的核心要义。中国有影响力的女性企业家是中国女性领导力的中坚力量，研究她们的个人品牌建设，有助于我们用发展的眼光去看待女性领导力，用探索的精神去发掘女性领导力的潜力。

（二）难点

目前，关于个人品牌的研究主要集中在理论建设的基础阐述层面，成体系地探讨个人品牌，尤其是探讨女性个人品牌的建构和传播策略的著述几乎没有，因此，研究可借鉴的经验也不是很丰富。另外，案例研究要求深入、透彻，这给研究对象的选取、相关资料的获取提出了很大挑战。

（三）创新点

本书的创新点体现在以下几个方面：一是创造性地分析了女性个人品牌的建构

体系，提出了女性个人品牌的建构模型；二是创造性地建立了女性个人品牌案例库，拓宽了相关领域的研究视角；三是创造性地选取了中国有影响力的女性企业家为研究对象，为青年女性的创新创业提供了借鉴；四是创造性地关注了女性企业家的个人品牌发展，她们的成长背景、经历和内在精神更契合当下社会的女性特点，对当代青年女性群体具有启示和借鉴意义。

四、研究价值

（一）拓宽个人品牌建构与传播的研究视角

随着越来越多的女性涌现在社会生活的各个舞台，这些女性所承载的女性领导力也迅速成为推动社会发展，尤其成为推动领导力水平革新与进步的重要力量。在教育与职业上的性别隔离日趋消解的今天，越来越多的精英女性开拓着自身的领导力发展之路。全社会的男性与其他女性也深受女性领导力的影响，这必然会对加快两性平等进程、建构和谐社会产生十分显著的效果，促使学界进一步研究女性个人品牌，从而在理论层面对女性个人品牌的内涵和外延进行一定程度的深化和拓展。因此，使女性个人品牌从理论层面向实践层面过渡，是本书的理论意义之一。

（二）搭建个人品牌建构的理论机制

女性个人品牌作为个人品牌乃至品牌营销的重要组成部分，在女性力量日益壮大的今天发挥着不容忽视的作用。研究女性个人品牌的建构与传播，不仅要在含义上做更系统的界定，而且要在其他概念理顺关系之后，使其一起发挥正向作用。在个人品牌的营销传播日渐成熟的今天，追求高知名度已经不再是娱乐行业的传统目标，商业及职业领域也开始追求高知名度以更好地经营个人品牌形象。新媒体技术的日新月异也为个人品牌的营销传播提供了新渠道，个人品牌的发展获得了更多的空间。女性个人品牌的建构与传播研究是个人品牌向女性群体的衍生，是一类非常特殊且意义重大的个人品牌建构，对它进行研究必定会为研究个人品牌理论提供新的视角。

（三）建立中国有影响力的女性企业家个人品牌案例库

个人品牌是个人的外在形象和内在涵养共同传递的独特的、鲜明的、易被感知的信息集合体，具有整体性、长期稳定等特点，足以引起消费者在认知和消费模式上的改变。现今，人们不仅开始关注个人品牌，而且开始建设并发展个人品牌，通过个人品牌的传播来获取价值，渐渐形成个人品牌效应。本书选取了近二十位中国有影响力的女性企业家作为案例研究的对象，从她们个人品牌建立的定位、识别、传播、管理等方面进行系统研究，分析女性个人品牌建构与传播的特点、规律，以期对中国女性，尤其是青年女性的发展提供借鉴意义。

第二章 个人品牌建构的理论基础

第一节 个人品牌概念辨析

一、品牌的界定与内涵

美国著名广告人大卫·奥格威认为，“品牌是错综复杂的，是消费者通过认知和反馈对使用者建立的印象界定；它是品牌属性和广告方式的无形总称，也是品牌的属性、名称、包装、价格、历史、声誉、广告机构的无形组合”①。品牌起初就是一个符号。翻阅品牌史，英国因特品牌集团董事保罗·斯图伯特在《品牌的力量》中曾经写道：“通过品牌区分不同产品的方法由来已久，‘品牌’源于古挪威文字‘brandr’，中文翻译为‘烙印’。随着货物交易的兴起，人们开始在产品上加上印记进行交易，从此品牌经济正式开始发展。”②

马克思在《资本论》中，就用“光环产品”将品牌产品和非品牌产品加以区分。他提出，品牌就是“超越一般感觉的感性产品”③。英国品牌专家莱斯利·德·彻纳东尼说：“从本质上说，品牌是一系列具备功能性与情感性的价值元素。”④品牌专家大

① 宋轶名.奥美的观点[M].北京：企业管理出版社，2001：10.
② 斯图伯特.品牌的力量[M].尹英，等译.北京：中信出版社，2000：2.
③ 巩晓亮. 电视节目主持人品牌研究[D].上海：华东师范大学，2008：18.
④ 彻纳东尼.品牌制胜：从品牌展望到品牌评估[M].蔡晓煦，等译.北京：中信出版社，2002：3.

卫·艾克认为:“品牌是一种全方位的建构,涉及品牌与消费者之间的种种联系,并且品牌更多地被视为一种‘体验’,如果无法与消费者形成密切关系,产品就不能形成品牌。”①品牌是一种象征,是消费者的感受和感觉。②

美国著名品牌研究学者杜纳·科耐普认为:“品牌是某产品或服务拥有的广为人知的名字。”他强调品牌拒绝默默无闻。③

美国著名营销学者科特勒在其《营销管理:分析、计划和控制》一书中表述道:“品牌是一种名称、名词、标记、符号、设计或是它们的组合运用,其目的是借以辨认某个销售者或某群销售者的产品或劳务,并使之同竞争对手的产品和服务区别开来。”科特勒关注的是品牌具有区别功能的符号意义。④ AMA(American marketing association,美国市场营销协会)将品牌定义为:“用来识别各种各样的产品和劳务。”⑤

美国学者亚历山大·贝尔指出,“通常按经济学术语的定义来说,品牌资产是一种超越生产、商品及所有有形资产以外的价值,可视为将商品或服务冠上品牌后所产生的额外进账。品牌带来的好处是未来的进账将远超出扩充品牌所需的成本。从或许不尽周全、但实用的角度来看,品牌资产也是商品或服务,但因为挂上了品牌,而让消费者愿意付出更高的价钱”。贝尔关注的是品牌所具有的价值,认为品牌是企业的无形资产,而且在一定程度上可以脱离产品而存在。⑥

美国哈佛大学商学院著名品牌专家大卫·阿诺德认为“品牌就是一种类似成见的偏见”,“成功的品牌是长期、持续地建立产品定位及个性的成果,消费者对它有较高的认同。一旦成为成功的品牌,市场领导地位及高利润自然就会随之而来”。在这里,品牌被看作一种关系,它成为商品与消费者“关系的建筑师”。品牌成为一种体验,形成一种消费者能亲身参与的更深层次的关系,是一种与消费者进行理性和感性双互动的总和。⑦

---

① 艾克.品牌管理[M].高登第,译.北京:中国人民大学出版社,2001:22.

② 余明阳,杨芳平.品牌学教程[M].上海:复旦大学出版社,2005:3.

③ 科耐普.品牌智慧[M].北京:企业管理出版社,2001:9.

④ 科特勒.营销管理:分析、计划和控制[M].梅汝和,等译.上海:上海人民出社,1996:67.

⑤ 何佳讯.品牌形象策划:透视品牌经营[M].上海:复旦大学出版社,2010:5.

⑥ AAKER D, BIEL A L.Brand equity and advertising[M].Hillsdale,NJ: Lawrence Erlbaum Associates,1993:5.

⑦ 阿诺德.品牌保姆手册:13个名牌产品推广重建范本[M].林碧霞,李桂芬,译.台北:时报文化出版企业有限公司,1995:10.

综上,品牌的定义可分为两种。一种是一般意义上的定义,即品牌是名称和符号等的结合体;另一种是在品牌战略开发方面,与消费者形成密切关系进而构成实质品牌。① 目前来说,学界和业界对品牌还没有下完整的定论,即品牌还不是一个实质性的物品,当它处于无形的状态时,它是消费者通过认知和反馈对使用者建立的一种印象界定;当它处于有形的状态时,它是品牌属性(名称和包装等)表达出的一般意义。

我国于20世纪90年代开始加大对品牌理论的研究,对品牌的理解经历了以下几个发展阶段:从"品牌等于标识"到"品牌等于形象"再到"品牌等于文化",最后到"品牌即是情感"。品牌的情感价值具有强大的感染力,能够拉近品牌与目标受众之间的距离,获得目标受众的认可,这点与公共外交所依靠的"软权力"元素非常相似。②

刘广迎在总结了国内外专家和学者的定义与看法后认为,品牌是目标受众对于某一特定事物在心理、生理上总体性、肯定性的感受和评价,是品牌主体与目标受众之间的一种情感。品牌是品牌主体(企业、城市、公益组织和个人等)一切无形资产总和的全息浓缩,而这一"浓缩"又可以用特定的符号来加以识别。③

二、个人品牌定义

个人品牌源自个人营销,是营销理论在个体层面的实践,有关研究从国外兴起。彼得·蒙托亚等人认为,个人品牌体现了一个人在其他人心目中产生的价值、能力和作用,是这个人职业生涯中呈现的第二个自我。这个自我会影响别人对自己的看法,而自己会巧妙地将这种看法转变成机会。休斯敦·希勒国际公司专门为企业家和高层管理者提供个人辅导,该公司总裁乔·希勒认为:"个人品牌向他人传达了一种积极的期望,它是对别人的承诺,是给受众留下的首要印象。个人品牌的效应非常强大,一旦形成便很难被颠覆。"

国内学者也提出了一系列定义,如管理学家宋新宁认为:"在个人工作中显示出

① 常凯硕. 个人品牌建构与传播策略研究:以李娜为例[D].呼和浩特:内蒙古大学,2017.

② 袁王珏. 全球化时代公共外交中的国家领导人品牌建构研究[D].上海:上海外国语大学,2013.

③ 刘广迎.个人品牌[M].北京:中国经济出版社,2008:64.

的个人价值就是个人品牌，它就像企业品牌、产品品牌一样拥有知名度、信誉度和忠诚度。”①许文锋认为：“个人品牌是个人在脑海中产生的自我特有的印象，包括个人的名字、外在形象、内在个性以及在他人心目中产生的个人联想。”②常凯硕认为，个人品牌的定义就是以人为载体，一方面，凭借个人的自身特质在社会生活中让他人对个人品牌产生特殊的情感和深刻的印象；另一方面，个人品牌是一种无形的资产，即将自身的优点转化为无形的商业价值。徐浩然提出，“个人品牌以个人为传播载体，具有鲜明的个性和情感特征，符合大众的消费心理或审美需求，是一种能被社会广泛接受、长期认同并转化为商业价值的一种社会注意力资源”。周玉波认为，“个人品牌是个人综合素质和鲜明个性的突出表现，是受众对这个人产生好感的客观依据。简言之，个人品牌具有公认的无形价值，标志着身份且表现了实力”。他同时还提出个人品牌的特征表现在以下几个方面：高质量、良好的信誉，独到的优势，发展的持久性，突出的社会价值和经济价值。

笔者认同刘广迎的定义，即个人品牌是一种关系，其核心是情感，价值在于认同。情感认同具有深度和广度，深度包括忠诚度和美誉度，广度包含知名度和影响力。建构个人品牌的目的在于扩大认同。

三、个人品牌与产品品牌、组织品牌的异同

（一）个人品牌与产品品牌、组织品牌之间的联系

个人品牌的概念来源于产品品牌和组织品牌。一位有能力的企业领导者可以让企业的发展越来越好。现在的企业不仅靠优良的产品（质量、品级）来吸引目标消费者，而且更多的公司开始借助名人的个人魅力营销自己的产品。

（二）个人品牌与产品品牌、组织品牌之间的区别

在品牌的主体方面，个人品牌以人为载体，产品品牌和组织品牌则以物为载体。在发展个人品牌的过程中，要进行个人品牌的定位和个人识别的建设，就需要以性格

---

① jianqiangge.职场人士如何打造个人品牌[EB/OL].(2018-06-12)[2019-07-11].http://www.zhuanlan.zhihu.com/p/38002261.

② 许文锋.解析个人品牌[EB/OL].(2006-10-31)[2017-06-08].http://m.cnbm.net.cn/article/jq69345778.html.

为基础来形成自己独特的品牌特质，进而让受众在情感上产生认同并最终进行消费，这样一来，个人品牌也就产生了价值。

在品牌的商业化程度上，由于个人品牌脱产于产品品牌和组织品牌，因此个人品牌的发展时间也相对较短。从空间上来讲，个人品牌是个人针对个人的经营，而产品品牌和组织品牌是被人创造出来之后针对物质的经营，相对来说后者的规模更大、范围更广。

在品牌的转型上，个人品牌是基于个人产生的一系列相对稳定的品牌联想，而产品品牌或组织品牌则可以更加灵活地根据业务发展进行产品升级或者转型。

第二节 个人品牌建构要素分析

一、个人品牌定位

“定位”作为一个现代社会常用的概念，常常与营销结合起来。美国“定位”权威专家、全球顶级的营销战略家艾·里斯在1969年提出了商业中的“定位”观念，并在实战中不断研究和证实定位学理论。他的《定位》和《营销战》等作品畅销全世界。《定位》阐述了“定位”观念的源起并剖析了企业(个人)无法获得潜在顾客的原因，总结了如何打动顾客内心以赢得成功的定位方法。20世纪的竞争越来越激烈，《定位》一书揭示了现代企业经营的根本是争夺顾客，继而确认了品牌定位的概念，即通过对品牌进行科学的战略策划，从而对顾客的心智产生影响，在顾客心中占据一席之地并最终将顾客变为忠实受众。劳拉·里斯和杰克·特劳特指出，“定位以产品作为起点，可以是一件物品、一种服务、一个单位、一个组织，甚至是一个人”。但是定位的最终目标不是让自己的产品产生变化，而是要在顾客的心中设置产品观念，从而直接影响受众、使其产生消费行为。因此，定位的理论可以同时应用到“物”和“人”当中。只有科学、明确地进行个人定位，才能凸显个人品牌的独特性，为接下来的个人品牌建立指明方向。科学、明确的个人品牌定位包含以下几个要素：

- 专长：不同类型的工作有不同要求。
- 兴趣：指个人在不受物质的影响下对事物的喜好偏向程度。能够投身真正感兴趣的行业，自然会工作愉快，办起事来加倍投入、充满干劲，而不是疲于奔命、敷衍了事。

• 个性：个人的性情既是一种与生俱来的特质，又可以经过长时间培养出来。如果能够找到一份与个性相契合的职业，那么便可更容易从工作中获得满足感和成就感。

• 期望：个人品牌的建立要求认识自己的核心，即廓清自己的核心价值。核心价值是品牌的灵魂，必须是别人所没有的。

在明确了个人品牌定位之后，接下来就是去研究目标受众的心理，塑造出能打动目标受众的品牌形象，这是非常重要的一个步骤。其实，个人品牌定位的最终目的就是在凸显个人魅力的同时向目标受众传递个性化的品牌消息，进一步引起目标受众的注意，在目标受众产生品牌联想之后形成品牌价值认同。① 在市场化经济的大背景下，我们一定要考虑市场的平衡性，把消费者的需求放到重要的战略位置来进行产品的研究与开发，以差异性和创新性来吸引目标受众。

二、个人品牌识别

我们可以把一个人的行为活动当作一个企业来进行经营与管理，集个人的世界观、人生观、价值观于一体来进行个人品牌的科学建构，在个人的内外交流活动中把个人的品牌建设推向战略经营的高度。其实，建设个人品牌识别是个人品牌定位的进一步深化。

CI(corporate identity，即 corporate identity system，企业形象识别系统，亦缩写为 CIS)是品牌的实有构成部分，是提升产品知名度的一种方法，运用 CI 也成为现代企业经营的一种战略。但到了工业时代，产品细分，激烈的市场竞争开始了。美国于 20 世纪四五十年代正式发布 CI，其中以 IBM 公司的 logo 设计最为出名，也就有人把 IBM 运用 CI 作为 CI 的正式起源。CI 是一个企业走向成功的关键一环，其不仅可以作用于受众，让受众更直观地感受并区别产品，而且可以作用于企业内的每个人，让大家产生团队感情，增强企业的凝聚力和向心力。

结合 CI，从狭义的角度进行微观剖析，可以把个人设置成一个企业，从而形成个

① 常凯硕. 个人品牌建构与传播策略研究：以李娜为例[D].呼和浩特：内蒙古大学，2017.

人识别,我们这里称之为PI(personal identity)。接下来,我们将从个人的内在建设和外在建设两部分进行探讨和分析。

企业领导者把自己比作一种"产品"以进行自我经营,主要可通过个人品牌的定位、个人识别的建设和个人品牌的传播等维度来建构个人品牌。

(一)理念识别建设

个人理念识别是指从个人素质和修养中体现出的"涵养",包括个人的世界观、人生观、价值观。在建设个人识别的过程中,个人的内在识别建设是最为核心的板块,它直接决定着个人的外在识别。[①] 正如一道能被人称赞的菜肴,必然不仅卖相好看,而且其口感也必须是最好的。

(二)行为识别建设

行为识别是女性个人品牌具体的行为体现,是一种动态识别形式,具体指女性品牌人在公开场合的言谈举止,包括演讲能力、办事风格、公益行为、亲民行动等。个人的举止反映了其内在的特质,个人品牌要想获得持久性的成功就必须对其进行科学的经营与管理。

(三)形象识别建设

个人的形象识别建设是指他人能够直接通过主观感受来获得对方的基本信息,包括个人的姓名、外貌、言谈举止等。在这个"以貌取人"的时代,我们要全力展现外形资本,塑造一个有亲和力、充满正能量的个人品牌形象。

三、个人品牌传播

互联网发展至今,产品同质化严重,传播内容碎片化,受众注意力分散,竞争相当激烈,优质的个人品牌格外需要结合科学的传播策略进行推广。如果没有科学的营销传播策略,那么再好的产品也会被湮没在鱼目混珠的市场中。所以,一个具有优秀个人品牌潜力的人,如果不深度开发、推销自己,最终也会被埋没。因此,要想让自己的个人品牌不断地发展壮大,就要科学、积极地向外界传播、推销自己,这包括规范传播行为、合理运用传播方式、精心策划传播内容、树立创新理念、开发自有产品等。

---

① 常凯硕.个人品牌建构与传播策略研究:以李娜为例[D].呼和浩特:内蒙古大学,2017.

(一)人际传播

个人传播也称人际传播,是人类最基本也是最频繁的传播方式。消息在人际传播过程中逐渐形成口碑,这种方式被现代营销学者视为当今社会上最为低廉的信息传播工具和宣传媒介。人际传播的缺点显而易见,即点对点的交流不利于消息的快速传播,周期局限性较大,并且在口口相传的过程中会造成消息内容在不同程度上的失实。因此,人际传播需要配合其他一些传播手段使用,只有这样才能促进个人品牌传播更好更快地发展。

(二)传统媒体

传统媒体主要包括报纸、广播和电视等。在新媒体不断发起冲击的今天,虽然传统媒体的受众占有率在逐渐缩小,但是传统媒体在新闻报道的深度、广度、高度等方面是新媒体所不能比拟的。传统媒体具有高权威性和高知名度等优势,其媒体品牌标志着一种超越时空的品位和文化精神。所以,尽管新媒体挤占了部分传统媒体的市场份额,但是因为传统媒体拥有优于新媒体的人才、新闻来源、内容权威性及品牌知名度等,所以个人在建设和传播个人品牌的过程中一定要尽可能地吸引传统媒体的注意,让传统媒体成为个人品牌建设的中坚力量。

(三)新媒体

新媒体是继传统媒体之后发展出来的新型媒介形态,如网络媒体、手机媒体、数字电视等。随着新媒体越来越普及,人人都有了发表言论的话筒,越来越多的草根明星,比如网红 Papi 酱等出现在人们的视野中。网络发布内容的及时性虽然强,但是内容的真实性还需多次印证。网络环境泥沙俱下,我们应该在建设个人品牌的过程中正确利用新媒体的传播优势,同时重视网络传播带来的负面影响。

四、个人品牌管理

(一)聘用专业化品牌管理团队

让专业的人去做专业的事,这就是管理公司兴起的原因。管理公司的职责是为个人进行职业目标设定和日常日程安排,比如经纪人就是最常见的专业品牌管理团队人员。一个良好的管理团队可以让雇主放心地去做自己的事业。职业网球运动员李娜在聘用 IMG 娱乐公司之后的第 1 年收入就超过了前 10 年的收入总额,聘用专业品牌管理团队的重要性不言而喻。

(二)设置并完善危机管理系统

调查显示,大多数人认为危机离自己比较远,一般只会发生在大型组织或团体中,而心理上对危机预防的忽视会让人在危机真正发生时被打得措手不及。如果刘翔在进行白沙代言前进行了完备的危机管理,那么他的个人品牌形象也不会受到如此大的损害。

(三)成立专业化品牌维护团队

打造一个优秀的个人品牌需要花费几年甚至几十年的努力,所以在发展个人品牌的同时不能忘记维护个人品牌。企业生产的产品如果有良好的售后服务,那么就会吸引更多的消费者,因为售后服务给消费者的消费行为提供了保障。在进行个人品牌维护时,除了要注意公众形象之外,还要积极与受众进行互动,聆听他们的心声。

第三章　国有企业转型时代成就中国影响力女性

案例一　董明珠：格力电器董事长

图 3-1　珠海格力电器股份有限公司董事长　董明珠

《财富》杂志是这样评价董明珠的："董明珠是中国最受尊敬的企业领袖之一，她以铁腕管理着中国最大的空调制造企业——格力。"

一、品牌故事

董明珠，出生于江苏南京，先后毕业于安徽芜湖职业技术学院、中南财经政法大学EMBA2008级、中国社会科学院研究生院财经系经济学专业、中欧国际工商学院EMBA。2017年，北京师范大学—香港浸会大学联合国际学院举行了第九届毕业典礼暨荣誉院士颁授典礼，董明珠获荣誉院士称号。

（一）工作经历

董明珠36岁之前一直在南京一家化工研究所做行政工作。1990年，36岁的她成为格力电器的销售员。1992年，董明珠在安徽的销售额突破了1,600万元，占整个公司的八分之一。随后,她被调回几乎没有一丝市场裂缝的南京。即便如此,她也很快就签下了一张200万元的空调单子;一年内,她个人的销售额上升至3,650万元,创造了当时的销售神话。1994年,格力内部出现了一次严重危机,部分骨干业务员突然“集体辞职”,董明珠不为所动,坚持留在格力。她屡屡打破自己创造的销售纪录,最终被全票推选为公司经营部部长。一年之后,公司销售额增长了7倍,从4亿元增长到了28亿元。1996年,中国迎来了一个凉爽的夏天,空调业一片萧条,但董明珠带领公司23名营销业务员,让当年格力的销售额增长了17%,格力首次成为国内空调行业的排头兵。从那之后,连续10年格力空调的产销量、销售收入、市场占有率均居全国首位。1997年,格力独创了以资产为纽带、以品牌为旗帜的区域性销售公司模式,被经济界、理论界誉为“21世纪经济领域的全新革命”。2001年,董明珠出任格力电器的总经理。① 在此期间,董明珠首创“年终返利”模式(也称“格力模式”),业内沿用至今。2012年,董明珠被推举为格力电器董事长、总裁,同时接替朱江洪成为母公司格力集团的董事长。但在2016年11月,董明珠被免去格力集团董事长一职。据新浪科技报道:“董明珠基于国家相关规定及本人意愿,主动辞去格力集团董事长一职,仍继续担任格力电器的董事长兼总裁,专注于推动格力电器的发展。这是正常的工作变动,珠海国资委也将一如既往地支持其工作。”原本在2018年5月底就到期的董事会最终超期履职7个月,直至2019年1月,格力电器才召开董事会换届选举,董明珠顺利连任。

(二)家庭情况

在董明珠看来,这辈子最大的转折点,是丈夫的去世。她曾经在多家媒体采访中提到:“如果不是这件事,我不会走现在这条路。如果他在,也不会同意我来珠海。”在生活中,董明珠对家人疏于照顾。这么多年来,她没有安排任何一个亲戚在格力工作,也没有人能从她那里获取好处,以至于十多年前她就与自己的亲哥哥闹得不欢而散。董明珠唯一愧对的是她的儿子。1984年丈夫去世之后,董明珠没有选择再婚。“因为我带孩子那时还非常年轻,如果想选择家庭的话还是非常容易的。但是我这个人骨子里面可能就有一种不依赖于别人的倔强,只是因为长期被压抑而没能爆发出

---

① 央视网.《面对面》专访:董明珠是怎样炼成的[EB/OL].(2016-12-19)[2019-05-21].http://news.cctv.com/2016/12/19/ARTI4j3Qpe5Nc27tLpKjQSKS161219.shtml.

来。后来拥有了权力,这种倔强就彻底展现了。我儿子从幼儿园到大学毕业,再到研究生毕业,我没有去过他学校一次。"董明珠把全部精力都放在了工作上。虽然她心里明白,失去了父亲的儿子需要更多的呵护,但在事业和亲情上,她偏向了事业。1995 年 11 月,董明珠抱病出差,途中发起高烧,不得不住进武汉的医院。在南京住校的儿子前来看她,望着 12 岁的儿子,董明珠泪流满面。夜晚,站在医院阳台上,凝望着武汉三镇的万家灯火,董明珠发现,成功背后总有遗憾。如今,儿子已经长大,在远离珠海、远离空调业的一个单位工作,拿着工薪族的工资,过着普通人的生活。"他不希望因为我而让他有任何影响。"董明珠说。①

母亲的离世让董明珠充满了愧疚。她在第十七届中国企业领袖年会"'致敬 40 年·我们的奋斗'——礼赞影响改革开放进程"的演讲中说道:"我妈妈在 2005 年离开了我,因为当时公司的事特别多,所以我没有陪在她身边。这件事情一直伴随着我,我经常哭,(后悔)没有对妈妈尽孝。但是今天站在讲台上的这一瞬间,我突然觉得妈妈没有怪我。因为我记得,有一年她摔了,住在医院。我去看她的时候,她并没有埋怨我这么久才去看望她;相反,她自豪地跟她病友说,这是我的女儿,我女儿现在是珠海市政协委员。后来,我仅仅陪了她一天就回去了。"

让董明珠记忆深刻的还有一件事。"我记得是在 2011 年,当时我陷入了一个巨大的困境,就是格力电器究竟怎么走?我该怎么办?是坚持我的原则和别人去斗,还是放弃?这种折磨最终让我病了。我很坚强,一般不爱哭,但我很纠结,最终被这种压力压垮了。有一天夜里,我做了一个梦,梦见了我的妈妈。那天我抱着妈妈号啕大哭,拼命地喊、拼命地叫。我当时只记得她说:'你自己想好的事就要坚定地去干!'我醒来以后,浑身都轻松了。从那一刻起,我明白了,无论遇到什么样的事情,只要原则是对的,就要坚持下去,无论别人怎么说你。"

"妈妈走的时候是 2005 年,那年我们格力的销售额是 156 亿元。13 年过后,今天我在这里想跟在天堂的妈妈说一句——你的女儿很为你争光,我们实现了自己的梦想,我们今年预期的销售额可以达到 2,000 亿元。最重要的是,我们用自己的努力,让世界爱上了中国造。"

---

① 21 世纪网.格力董明珠:与空调为伴 愧对儿子[EB/OL].(2014-06-03)[2019-06-21].http://bao.hvacr.cn/201406_2047229.html.

(三)工作理念

1.信誉至上

董明珠弃用行业内“先货后款”的代销制,在安徽首先推出了“先款后货”的“格力制度”。虽然“格力制度”为董明珠带来了诸多困扰与阻力,但幸好在一次又一次的尝试之后,“先款后货”最终得到安徽淮南一家电器商店的同意,她在安徽区域的第一笔生意做成了,“格力制度”也得以延续至今。董明珠在众多场合表示,正是“先款后货”的销售模式成就了今天的格力。“款到发货”可以让客户进货的时候慎重考虑品种和数量,免去后续的麻烦,让彼此的关系良性循环。“因为现金客户一定是我们最珍惜的客户,我们会用最大的优惠力度留住这群人。”董明珠对格力人说:“在开始合作的时候,要敢于提要求,不要怕做不成这单生意,过度放低底线会失去原则,最后人财两空。我们敬重并珍惜每一位及时结账的客户,即使他们订货量不大、对质量要求苛刻,但只要能及时结账,我们就要把他们维系好。信誉,是一个人、一个公司的发展来源!”①

2.自主创新

董明珠认为格力不需要售后服务,格力给消费者带去的每一个产品都应该是健康的、舒适的,格力与消费者之间的关系不靠售后服务来维系,因此,格力要对产品有绝对的品质保证。“格力这几年来一直在做标准。做什么标准?就是消费者不要售后服务的质量标准。”②同时,她保护知识产权,支持严厉打击假冒专利、假冒商标、盗版等侵犯知识产权的违法犯罪行为,要求加大赔偿力度,为创新者提供保障,让其切实品尝到重视知识产权带来的好处。董明珠明白,只有如此,创新才会源源不断地涌出。格力 2019 年年报显示,在格力近 9 万名员工中,研发人员的数量超过了 1.4 万人,比 2018 年增长了 20.69%;报告期内格力的技术工人超过了 3 万人。格力的人才结构这么多年以来一直处于一个持续升级的过程中,这种投入在专利数据上得到了充分展露。据悉,格力电器在 2019 年新增 4 项国际领先的原创技术,国际领先技术

---

① 营销前线 mp.董明珠竟然说,“先款后货”的销售模式成了今天的格力![EB/OL].(2016-11-03)[2019-04-21].http://www.dedns.cn/caijin/1591286.shtml.

② 谢芸子.董明珠的成功学,只有八个字,她还做了两个广告[EB/OL].(2018-12-03)[2019-03-06].http://www.iceo.com.cn/renwu2013/2018/1203/305618.shtml.

累计共有 28 项。截至 2019 年年底，格力电器累计申请专利 63,956 项，其中，发明专利 31,500 项，仅 2019 年获得授权的发明专利就有 1,739 项。格力电器的发明专利授权量已经连续 4 年位于中国家电行业的首位，极大地促进了知识产权和产业发展的深度融合。①

3.严控价格

2004 年，有家电行业“价格屠夫”之称的国美擅自大幅下降格力产品的价格，从而引致双方交恶，董明珠公开叫板黄光裕，随后更断然宣布退出国美，自建销售渠道。在当时那个“离开连锁渠道会死”的年代，董明珠选择了“硬碰硬”，抛出了“如果跟国美、苏宁这些大卖场大面积地合作，很多企业死得更快”的论断。迄今为止，董明珠是唯一敢说此话的家电厂商。2013 年 12 月 19 日，格力与另一个家电连锁巨头苏宁解除合约。格力方面表示，此次解约是集团层面的解约，目的是为了更好地控制价格。

图 3-2　2011 年格力空调海报

① 文思.拓宽多元化通道 格力电器以自主创新趟过行业变革期[EB/OL].(2020-05-07)[2020-04-12].http://m.aircon.com.cn/news/73492.html.

4.立足实体

2013 年 12 月 12 日,在第十四届中国经济年度人物评选颁奖盛典上,小米公司董事长兼企业领导者雷军、格力电器董事长董明珠同台获奖。当时,雷军表示,小米模式能不能战胜格力模式需要再观望 5 年,他还和董明珠打了一个赌——请全国人民作证,5 年之内,如果小米的营业额击败格力的话,董明珠要输他一块钱。董明珠自然不甘示弱,她认为:第一,小米模式不可能战胜格力模式;第二,她要跟雷军赌 10 个亿。"他(雷军)为什么认为他能赢,因为我们那时候都在流行轻资产,就像现在有人给我讲,通过互联网,我们搞一个自媒体,在上面发表文章、弄弄宣传就可以发财。我们都去做互联网,失去实体经济作支撑,行业能长远吗?当然我们并不是说互联网不好,而是我认为,互联网必须要有实体经济的支撑,只有这样,它才能够实现真正的价值。"①

图 3-3　2013 年由中央电视台财经频道主办的第十四届中国经济年度人物评选

5.重视品牌

早在 2015 年,格力电器就将"董明珠"三个字在国家知识产权局商标局申请注册成了商标。值得注意的是,格力电器目前在中国现有的 45 个大类商标中全部申请注册了"董明珠"。在推销格力手机时,董明珠用自己的照片做开机画面,这一举动立马

① 快科技.董明珠再谈与雷军"十亿赌约":制造业的崛起才能改变世界[EB/OL].(2015-20-17)[2019-03-01].http://www.chinaz.com.mobile/2018/1217/971220.shtml.

产生了刷屏效应，大量的曝光让她显得有些另类。她表示，这么做是为了迎合社会主流——90后人群。虽然这次为企业代言的效果并没有直接体现在销售数量上，但是董明珠的个人品牌形象无疑实现了爆发式传播。[①]

6.理念高度

2018年，董明珠来北京时遇到了雾霾天气，她说："别人说，你的机会来了，做净化器。但是我到欧洲的时候，欧洲人说你看我的天那么蓝还要净化器吗？这时候要重新思考企业定位。我们要人们付出健康这样惨重的代价来实现企业的发展，你(这样做)有价值吗？没有。所以我们从设计产品的时候，就应该充分意识到品质、环保、绿色、健康才是真正的、原发的设计理念。为此，我们格力电器开发出了光伏空调。一个小屋26平方米的光伏，两个月收集了接近8,000度电，这表明新能源完全可以满足一个家庭的要求。不消耗资源，不破坏环境，这就是最大的价值。所以，虽然雾霾让我们很痛苦，但是雾霾也让我们觉醒，我们企业家应该更有责任感和使命感，应该更加有担当。做一个净化器并不能解决问题，问题要从源头抓起。所以，格力电器在这个过程当中，通过技术创新，使光伏空调在全世界变得独一无二，因此我理所当然地赚钱，这就是我们利润的价值所在。"[②]"格力坚持走自主创新道路，担负起企业的责任和使命，用自主创新的核心科技让人们享受美好生活，怀着对中国造不变的初心，把爱献给世界。"[③]在"新时代 · 让世界爱上中国造——格力2018再起航"梦想盛典现场，董明珠如此说道。

二、个人品牌定位

《财富》杂志评价："董明珠是中国最受尊敬的企业领袖之一，她以铁腕管理着中国最大的空调制造企业——格力。"

(一)商界女强人

董明珠强硬、果敢，不怒自威，气场强大，给外界留下了喜欢"迎难而上"、以硬碰

---

① 徐琳.企业家个人品牌的塑造与传播研究：以格力集团总裁董明珠为例[J].中国市场，2018(14)：136-138.

② 谢芸子.董明珠的成功学，只有八个字，她还做了两个广告[EB/OL].(2018-12-03)[2019-03-06].http://www.iceo.com.cn/renwu2013/2018/1203/305618.shtml.

③ 格力电器.格力央视唱响《让世界爱上中国造》[EB/OL].(2018-10-31)[2019-09-07].http://www.sohu.com/a/272428251_620915.

图 3-4　董明珠出席学习贯彻《绿色高效制冷行动方案》专题活动

硬的女强人形象，这一点从与雷军的 10 亿赌约中便可见一斑。

（二）关注民生

董明珠连续两次当选全国人大代表，积极参政议政，在提高社会保障、加强妇女权益、立法保护国有资产流失、鼓励自主创新等领域提出了自己独特的见解。

（三）国产情怀

董明珠的多次演讲都紧紧围绕"自主创新"与"产品质量"这两个关键词，致力于让世界爱上中国造。在全国山河一片红的广告中，董明珠自信满满："格力，让世界爱上中国造。"她说："完美的质量是用艰苦的付出换来的，要以工匠精神塑造品牌，每个人都要用心提高企业产品质量。高质量最终体现的是高品牌价值，更是国家形象。"①

三、个人品牌识别

（一）理念识别

董明珠在家电业被称作"拼命三郎"和"中国阿信"。2005 年至今，格力空调产销

① 新华网. 携手推进品牌强国建设[EB/OL]. (2018-12-26)[2019-07-23]. http:/xinhuanet.com/tech/2018-12/26/c_1123904273.htm.

图 3-5　董明珠出席格力电器 2018—2019 广东省重点领域研发计划项目启动会

量连续 10 年领跑全球,用户超过 3 亿人。正因如此,她数次入选美国《财富》杂志“全球 50 名最有影响力的商界女强人”。她在 2018 年第十七届中国企业领袖年会的演讲中分享了实现成功的八字箴言:坚守、执着、挑战、奉献。

董明珠希望将个人的经验传递给新一代的学生。她认为,现在的大学生容易好高骛远、急功近利,进入职场之后常常只想着待遇,从而限制了自身的发展思维。“我认为刚刚毕业的年轻人最应该考虑的是‘我去企业能干什么’而不是‘我会得到什么待遇’。”董明珠坦言,自己刚入行时根本没有想过将来会做总经理、董事长:“如果我一开始就有做总经理的野心,那么我今天一定坐不到这个位置。”董明珠认为,专注于自己的本职工作,把它做到最好才是实现人生价值的真正方法。①

(二)行为识别

董明珠深知员工冷暖,她一次性把在格力工作了 20 多年的 200 多位老员工全部落户在珠海,使他们成为格力的正式员工。这些人退休以后不用回老家,每月可以拿三四千块钱。她还推出了“淡季贴息返利”模式、首创“年终返利”模式和“先款后货”

① 格力电器官方.董明珠北师大开讲:年轻人如何成为栋梁之材[EB/OL].(2016-05-24)[2019-07-04].http://www.sohu.com/a/77040143_401369.

模式，这些模式形成了今日的“格力模式”，被业内沿用至今。董明珠独创了以资产为纽带、以品牌为旗帜的区域性销售公司模式，被经济界、理论界誉为“21 世纪经济领域的全新革命”。她提倡取消售后服务，同时保护知识产权。她的这些理念都是其个人性格在家电业发展上的体现，是其个人品牌有力的识别要素。

（三）形象识别

不论是在生活中还是在职场上，董明珠的衣品都很好。在某次采访中，她自称没有造型团队，每次出席活动都是自己搭配衣服。她的服装简洁、干练，很多时候会搭配上标志性的披肩，气质优雅、气场全开。

图 3-6　2019 年董明珠接受中新网记者专访

四、个人品牌传播

（一）全方位优化个人形象

1.书籍

2000 年出版自传《棋行天下》，2006 年出版自传体小说《行棋无悔》，2008 年与刘吉、刘光溪合著《企业突围之道》。其他与董明珠相关的书籍还有《董明珠：倔强营销的背后》（郭宏文著），《格力真相：中国营销女皇董明珠背后的秘密》（廖小东著），《格力董明珠 中国制造 2025》（甘全开著），《董明珠决策格力的 66 金典》（王拥军著）等 50 余本。

2.影视

2003年,以董明珠为原型、由她本人监制的电视剧《行棋无悔》在中央电视台电视剧频道(CCTV—8)播出,并在腾讯视频获得了15.9万次的播放量。《让世界爱上中国造》——格力电器的3分钟品牌故事也在中央电视台综合频道(CCTV—1)《晚间新闻》前播出。该短片展示了格力近年来的多元化成果、精品系列产品以及中标的国内外超级工程,彰显了新时代下民族品牌的新风范。

3.歌曲

格力公司为董明珠创作了歌曲《为你而感动》,其中有段歌词为:"和你一起行棋无悔飞翔,同一片天空,你像一颗灿烂的明珠,让我为你而感动。"

4.微信公众号

"董明珠自媒体"于2016年3月8日上线,2018年1月23日完成微信认证。该公众号每日在固定时间更新文章,内容多为围绕热点的格力新动态。在下方的功能栏中有"董姐的店""购买口罩"两个栏目。"董姐的店"与格力董明珠相连,而"购买口罩"则体现了格力关注民生的社会责任感。

5.个人微博

董明珠的个人微博名为"董明珠自媒体",截至2019年10月,粉丝量为23万人。该微博不定期更新,内容以与格力有关的新闻报道为主。该微博还经常转发格力电器的官方微博,同时发布董明珠发表演讲、出席会议等新闻报道,每日阅读数为1万次左右。

6.抖音

抖音平台上有众多以"董明珠"名字命名或与董明珠这个名字相关的账号,这些账号并不属于格力官方或董明珠个人品牌运营团队,它们大多数是粉丝群体或其他媒体发布的与董明珠相关的信息,如《中国企业家》《新京报》《第一财经》等,这些账号的访问量、评论数比较可观。截至2019年5月13日,与董明珠相关的视频共有7.3亿次的播放量。

7.百度贴吧

在百度贴吧中,共有2,758人关注了"董明珠吧",帖子数量为6,266篇,但是这些帖子的内容参差不齐,缺乏专门的团队进行管理和运营。

表 3-1　董明珠个人品牌形象网络传播平台汇总

媒体	名称	推送频率	推送内容	板块设置/备注
微信	董明珠自媒体	每天七点	格力新动态 董明珠演讲 时事热点	"董姐的店" "购买口罩"
微博	董明珠自媒体	不定期	格力的新闻报道	转发为主,原创较少,总体以格力为核心
抖音	非官方	不定期	董明珠采访视频	话题内视频较多,播放量可观
百度贴吧	非官方	不定期	内容复杂	缺乏专门的团队管理

(本表系作者根据网络信息整理)

(二)个人访谈增加品牌知名度

董明珠参加过许多电视节目,如《对话》《鲁豫有约》《杨澜访谈录》《开讲啦》《天天向上》《莉行观察》等,她不仅分享了个人的成长经历,而且对格力集团也做出了总结及展望。

2014 年夏季达沃斯论坛会议后,董明珠接受采访时曾说:"格力走专业化道路,绝不做投机生意。房地产行业赚钱太多、太快,很容易就让人将奉献的精神丢掉。"

2016 年在《对话》节目上,董明珠表示,"90 后不愿意去实体经济里工作,在家里开个网店,一个月赚一两千块,不受约束、不用打考勤,这种就业状态对国家经济的发展存在一定隐患,不只是实体经济,对社会发展都有影响"。

在 2017 年中国企业家年会上,董明珠曾表示:"别人说现在发展到了互联网、物联网、大数据时代,(但)没有实体经济,大数据有用吗?"①同年,在"初心与匠心——董明珠谈中国智造"论坛上,董明珠也表示,如果一个企业想赚大钱的话,应该搞房地产,但是格力并没有。她说,在家电行业里,格力电器是唯一一个不做房地产的企业。在她看来,家电企业热衷于搞房地产是"不务正业"。

2018 年,在第二十届中国国际工业博览会——创新设计助力新兴产业发展分会活动上,董明珠在演讲时调侃自己是"网红企业家"。2018 年,在《人民日报》新媒体

① 央视网新闻.董明珠:年轻人不能都去搞抖音 制造业才能改变世界[EB/OL].(2018-12-18)[2019-01-24]. http://www.baijiahao.baidu.com/s?id=1620169664161435981&wfr=spider&for=pc.

《起点》发表演讲时，董明珠谈及与雷军的“10 亿赌约”，她自信地表示自己一定能赢：“只有实体经济崛起，制造业崛起，才能真正地改变世界。”

（三）高校演讲培育受众口碑

2018 年 12 月 3 日，董明珠现身北京外国语大学演讲会，吸引了大批学生参加，场面火爆。她以“格力，让世界爱上中国造”为题，为师生带来了精彩的演讲。她介绍了格力电器的发展历程、经营理念、国际化进程和未来发展战略。她说，格力电器乘改革开放的春风诞生于珠海，产品远销 160 多个国家和地区。董明珠表示，当今的社会物质条件有了极大改善，年轻人要树立正确的价值观，坚守道德准则，丰富精神生活，敢于做梦，并为梦想付诸实践。[①] 此外，董明珠还应邀前往清华大学深圳研究生院、厦门大学、西北大学、中山大学、南京理工大学等进行讲学，先后受聘为西北大学兼职教授、中山大学兼职教授、南京理工大学 MBA 校外导师等。

山东大学、北京师范大学珠海校区、海南师范大学、三明特殊教育学校等均出现了用“董明珠”命名的教学楼或奖助学金项目。董明珠也多次代表公司在各灾区进行捐款，以公益慈善和公关活动的形式，在提升公司形象的同时很好地促进个人品牌的传播。

图 3-7　董明珠出席格力明珠产业学院成立仪式

① 闻舞视界.网红董明珠小姐大学演讲现场人满为患，自曝年龄 65 岁，赌约必胜[EB/OL].(2018-12-03)[2019-04-29]. https://baijiahao. baidu. com/s? id = 1618843488754023079&wfr = spider&for=pc.

案例二　杨绵绵:海尔集团的创始人之一

图 3-8　杨绵绵

杨绵绵被美国《福布斯》杂志评为“全球最具有影响力的女性之一”,是连续 3 年上榜的中国女性。

一、品牌故事

杨绵绵,1941 年出生,毕业于山东工学院内燃机系,先后任青岛市劳动局技校教员,青岛压铸厂技术员,青岛家电公司高级工程师,青岛电冰箱总厂副厂长,海尔集团公司副总经理、常务副总裁,海尔电冰箱股份有限公司总经理。1984 年,张瑞敏出任青岛电冰箱总厂厂长(海尔集团前身)时,身为副厂长的杨绵绵就是其得力搭档。从 1999 年起,杨绵绵就是海尔集团常务副总裁、总裁了。谁也没想到,当年亏损 147 万元的一个集体小厂,经过近 30 年的发展,成长为中国企业全球化的代表。2001 年,海尔集团实现全球营业额 602 亿元,出口创汇 4.2 亿美元,上缴税收 22 亿元。在美国波士顿咨询公司评选的 2012 年度“全球最具创新力企业 50 强”中,海尔集团排名第 8,是唯一进入前 10 的中国企业。这其中,杨绵绵功不可没。2013 年 6 月,杨绵绵正式卸下 A 股上市公司青岛海尔董事长和香港上市公司海尔电器行政总裁职务。

早年,杨绵绵几乎每天都巡视生产线,关注不起眼的细节。一次,她在分厂检查质量工作,在一台冰箱的抽屉里发现了一根头发丝,她立即召开相关人员全体会议。有的职工说,一根头发丝不会影响冰箱的质量,拿掉就是了,没什么大惊小怪的,但杨绵绵斩钉截铁地说:“抓质量就是要连一根头发丝也不放过!”这一事件曾被多家媒体报道。

1984 年,一个赶大潮的“项目”——“利勃海尔”引进青岛,杨绵绵抓住机会,在之后的 20 年与公司一路奔跑,使其成为中国第一品牌、世界品牌百强:海尔。杨绵绵说,张瑞敏副经理力主“企业要想改善命运的话,就必须走引进项目的道路”,而“利勃海尔”这个项目又是他费尽周折到中华人民共和国轻工业部、到省里争取得来的。最后,很多人被张瑞敏说动了,才敢投这个风险项目。杨绵绵在《工人日报》的采访中说:“这个引进播下了一粒种子,也是这个开放的种子,促使我们进行了一系列的改革,我个人从这个引进中得到的最大收获就是,我从来没有看到过,有人会那么认真地工作。德国一个普通操作工人,注塑出来一个果菜盒,他的动作应该称为检查,但我从他的眼光里看到的是一种欣赏,对自己劳动成果的欣赏。欣赏之后,他就在这个机器周围一通忙活,让下一个劳动成果干得更好。这种精神感动了我,我一下子看到,原来世界上还有这么认真、负责的人。这个工人让我感动了很久,给了我灵魂上的震撼。我想我们也应该这么做,要想改善自己,先从认真做事开始。这种精神对整个海尔的事业影响非常大:工作就要像他们那样,把每一件产品都做成自己的一个精心作品,自己欣赏起来也高兴。所以,引进‘利勃海尔’技术,我们士气大振,当年就干了1万台,效益立竿见影。”

图 3-9 杨绵绵代表海尔集团领取“20 年创新领航奖”

杨绵绵在海尔无疑是一个将帅级的人物,她在分享成功之道时曾说,领导者要有“三商”——智商、情商和韧商:“智商”——能准确地理解事情;“情商”——心理素质要好,不怕挫折,要有一种积极向上的心态;“韧商”——要有一种百折不挠的精神,摔倒了再爬起来。“对于一个领导者而言,光有情商和智商还不行,关键还要有韧商,即韧性,这条最难达到。”一直为张瑞敏所津津乐道的“市场链模式”,其实施者就是杨绵绵。尽管杨绵绵身为公司的“二把手”,但她自认是个不折不扣的“终端者”。据凤凰网财经报道,杨绵绵说:“我比较善于到终端去,只有到终端我才有灵性,才能碰出火花来。”整整 20 年,杨绵绵的每一天都和海尔联系在了一起,她每天工作十几个小时,几乎不过节假日。她还常说:“只有到现场才能发现问题,正因为商家对海尔产品很重视,所以我们更应该而且必须把工作做得更好。”

二、个人品牌定位

图 3-10 2011 年杨绵绵接受山东广播电视台采访

(一)有勇善思的领导者

杨绵绵最值得称道的是其出色的领导能力,她坚持深入基层、坚持初心、不断创新,使其所分管的质量、研发、营销、财务、企业文化等工作迈上新的台阶。

(二)热爱生活的快乐者

她本人有着丰富的人生经历,其阅历造就了她与海尔的“神话”。很多与杨绵绵共事过的员工都觉得她是一个有生活情趣的人,和她一起工作会变得更年轻,没有人会想到杨绵绵是 20 世纪 40 年代出生的人。

(三)坚守梦想的劳动者

杨绵绵对海尔寄予厚望,她说:“企业不断发展,目标会越来越高。在目标不断提高的过程当中,社会对你这个产品的需求就越来越高,对你的美誉度也会越来越高,你的产品变成了别人的需要了,你做的事情被社会需要了,就有了社会价值,就会刺激你要干得更好,新的目标就又产生了。”果不其然,后来海尔超越了“利勃海尔”。杨绵绵说:“因为心里有梦,这个梦想就是不断进取的目标,海尔能够超越‘利勃海尔’就是靠不断地进取,认真倾听用户的需求并满足他们。这样的发展和超越是一种‘瘾’。”

三、个人品牌识别

(一)理念识别

1999 年,已经 58 岁的杨绵绵学会了开车。像学习开车一样,她对一些新事物、新知识都充满了好奇,时刻保持着学习的干劲。虽然她每周要工作 70 多个小时,但是从没停止过学习,对一切新鲜而又想了解的东西,她总是虚心向人请教。虽然年纪已过花甲，但她还在学习电脑、了解网络、如饥似渴地读书，甚至还拿起了英语课本。在她这个年纪，许多女性已经在家里安享天伦之乐，已为祖母的杨绵绵也有了一个四世同堂的温馨大家庭，但她仍痴迷于海尔的事业，用她的话来说就是“享受工作”。正是这股不同寻常的勤奋劲儿，让杨绵绵和海尔越走越远。

图 3-11　杨绵绵出席第八届上海国际质量研讨会暨国际质量科学院院士论坛

(二)行为识别

在任青岛电冰箱总厂副厂长期间，她协助厂长主抓生产、技术、科研开发、质量管理等工作，使一个濒临倒闭、亏损了 147 万元的小厂逐步发展成国家特大型企业集团。她积极实施并坚持贯彻海尔名牌战略和多元化战略，采取低成本扩张和出口创牌的战略决策，吃“休克鱼”、建海尔园，以无形资产盘活有形资产，拉动了 20 万人的就业；她还主持搭建了海尔电子商务平台，创造了满足个性化需求的 B2C(business to consumer，商对客电子商务模式)全新营销模式，推进了业务流程再造等。

(三)形象识别

爱笑，是杨绵绵充满活力的一个标志。不管是在公众面前还是在车间里，只要有她在场，总是笑声不断。“她这人平时就喜欢和我们开玩笑，没有一丁点总裁的架子。”海尔一位基层员工说。杨绵绵平易近人，许多海尔员工对她爽朗的笑声印象深刻。

四、个人品牌传播

2012 年“两会”举行期间，中华人民共和国全国人民代表大会代表杨绵绵接受了网易财经的专访，对海尔未来的发展，如家电下乡、海尔商城等进行了阐释，她的专访内容集中于海尔集团，表达了她对于家电行业的大局观。

杨绵绵多次入选各大榜单。在中国的家电行业中，与高调、以铁腕著称的格力女强人董明珠相比,杨绵绵则显得低调很多,但是执掌中国家电第一品牌海尔十多年的她,显然也是中国家电行业最有影响力的女性之一。

图 3-12 2012 年杨绵绵接受网易财经专访

《第一执行者:海尔集团总裁杨绵绵的管理之道》于 2007 年出版,讲述了杨绵绵任海尔集团董事局常务副主席、总裁的经历。此书给予杨绵绵很高的评价:“在中国企业界,杨绵绵无疑具有符号一般的意义。”杨绵绵充当着“第一执行者”的角色,贯彻着海尔发展的战略思想,在海尔的各个发展阶段打赢了一场又一场战役,为海尔的发展壮大立下了汗马功劳。

案例三　王凤英:长城汽车股份有限公司副董事长、总裁

图 3-13　王凤英

王凤英是国内汽车行业唯一一个女当家。

一、品牌故事

王凤英,1970 年出生,是一名中共党员。1999 年毕业于天津财经学院(现天津财经大学),获经济学硕士学位。1991 年进入长城汽车,2001 年任长城汽车股份有限公司(下称长城汽车)总经理,2003 年任长城汽车总裁。王凤英是长城汽车名副其实的“女二号”,也是国内汽车行业唯一一个女当家。她跟董事长魏建军是默契搭档,把长城汽车从河北一家不起眼的地方车企发展为国内皮卡车的销量冠军,进而实现了皮卡车、SUV 和轿车“三级跳”,使得长城汽车成为中国最具潜力的汽车品牌,推动了中国汽车自主品牌的崛起,使其走向了海外市场。

(一)能力蜕变

长城汽车在 2012 年缔造了一个汽车界神话,无论是销量还是利润的表现都成为业界翘楚,这与魏建军长期以来稳健而专注的经营风格有很大关系。“魏总是天生天不怕地不怕的那种人,比较大胆,越有困难的时候就越来劲。”[①]在魏建军潜移默化地影响下,王凤英说自己已经从“小女人”变得不像女人了。就像被重塑一样,她去掉了性格中脆弱、敏感的部分,成为一个棱角分明、风格硬朗、有着强悍执行力的管理者。哪怕遇到困难或委屈,她也极少向他人抱怨。

(二)坚定决策

过去十几年,汽车行业充满了各种诱惑,比如合资、收购、产能扩张。王凤英就曾

① 新浪网.长城汽车总裁王凤英:需试主流轿车市场[EB/OL].(2013-03-25)[2019-07-24].http://finance.sina.com.cn/leadership/crz/20130325/101114941188.shtml.

图 3-14 王凤英参加“两会”

和魏建军争论过很多次,她认为长城汽车应该把规模做大。营销出身的王凤英认为,规模代表着市场影响力。但专注于技术和品质的魏建军却不以为然:“如果我们卖70万辆车,挣的钱跟80万辆一样多,为什么要做到80万辆呢?”当长城汽车已经在SUV和皮卡车领域奠定江湖地位时,王凤英试图再次说服魏建军。她认为,长城汽车需要在更主流的轿车市场一试身手。如果不做轿车,外界就会认为长城汽车是个边缘性企业,长城汽车因此会失去可能的发展机会。与此同时,轿车准生证需要政府审批,进军轿车领域也可以使长城汽车掌握一种稀缺资源。她最终说服了魏建军。

(三)战略眼光

时任长城汽车副董事长、总裁的王凤英在2019年的全国“两会”上提出了促进氢燃料电池汽车全面均衡发展的建议,其中包括改变加氢站补贴形式,即加大补贴力度,避免加氢站成为地方政府的形象工程;制定相关政策,聚焦车用氢燃料电池关键核心技术以及制氢、储氢、加氢等核心技术的研发;细化氢能源技术标准并出台相关政策,明确加氢站建设及运营监管的相关制度,统一规划全国加氢基础设施,降低审批难度;整合优质资源,统一规划我国氢燃料电池汽车的基础设施建设,形成具有国际竞争优势的战略布局,促进氢能源产业上下游产业链的全面发展。

图 3-15　全国人大代表、长城汽车副董事长、总裁王凤英

（四）低调生活

在生活中，王凤英非常低调，她的座驾是一辆 8 万多元的长城酷熊。该车一反盛行的流线型轿车外形，是中国第一款最具时尚个性的小排量车。值得一提的是，王凤英在“男人圈”中工作，常常忘记自己的性别，关于女性、时尚等话题她甚少提及。

二、个人品牌定位

（一）立足品质，勇于创新

王凤英作为一名女性企业家，拥有出色的管理能力与决策能力，是长城汽车名副其实的二当家。同时，她本人有高度的敬业精神和超前的创新能力，她把全新的营销理念和现代的管理方式运用在了实际工作中，带领着长城汽车稳健前进，实现了跨越式发展，使长城汽车成为中国最具发展潜力的自主汽车品牌。

（二）思想超前，行为果敢

王凤英代表长城汽车参加了第十三届全国人民代表大会，接连抛出了五项关于中国汽车产业和中国企业成长等问题的议案建议，它们分别是：《关于加快我国氢能

源基础设施建设 促进氢燃料电池汽车周全均衡发展的建议》《关于实施国家品牌战略 促进中国品牌全球发展的建议》《关于加强中国企业海外发展安全保障机制的建议》《关于完善特别表决权的相关法规制度建设 促进企业快速发展的建议》《关于规范汽车改装行业 推动汽车消费优化升级的建议》。此外,针对汽车改装行业,王凤英还特别呼吁有关部门出台相关的法律法规。王凤英认为,应根据我国国情,出台符合国情的汽车改装法律法规,将汽车改装列入国民经济行业分类,赋予其行业属性。

从王凤英提出的所有议案建议中不难看出,这些都与长城汽车正在做或者将要做的发展行为息息相关,充分体现了王凤英在未来发展上的超前眼光。①

三、个人品牌识别

(一)理念识别

在竞争激烈的工作中,王凤英业绩突出,她很少有机会放松,因为她明白女人需要更坚强的意志才能克服更多的困难来完成"只有男人才能完成"的艰巨任务。在一个男性占 90%的工作环境里,她常常连自己的性别都忘了。王凤英曾在《高端访谈》栏目中提到:"我曾经这样想,大家一想到男人就觉得男人坚强、有力,好像男人都长着强有力的翅膀,那么如果女人的所作所为和他们没有区别的话,就没有任何优势。女人需要再多一双翅膀,一双隐形的翅膀,它可以在男人不飞的时候帮助女人逆风飞翔。"②

(二)行为识别

在汽车的发展方向问题上,王凤英认为,氢燃料电池汽车是新能源汽车的重要发展方向,是我国新能源汽车发展战略能否持续、健康发展的重要因素。目前,我国氢能源基础设施建设,尤其是加氢站建设进展极为缓慢,已经严重影响了国内燃料电池汽车发展的步伐。

---

① 第一新车.王凤英参加两会 多项议案凸显超前眼光[EB/OL].(2019-03-17)[2020-08-23].https://k.sina.cn/article_3986484410_ed9cecba00100fvb0.html? from=auto&ab=qiche&http=fromhttp.

② 央视网.长城汽车王凤英:优先发展高品质小排量轿车[EB/OL].(2008-03-10)[2019-08-21].http://cctvenchiridion.cctv.com/special/C20768/20080310/111292.shtml.

（三）形象识别

王凤英过去将卷发随意搭在肩头，整个人的形象显得简单而干练。但是随着工作的深入，王凤英逐渐拥有了更强的执行力与领导力，她的形象由此也变得更加精致和飒爽。她将头发全部拢在脑后，精心地做成一个蓬松的发髻，搭配成套的连衣裙或事业套装，整个人显得优雅、高贵。

图 3-16　2011 年王凤英接受网易汽车专访

四、个人品牌传播

（一）个人专访彰显战略眼光

2008 年，王凤英接受了央视网的专访，就优先发展高品质小排量轿车这一战略进行了表述。2011 年，她接受了腾讯网的专访，对长城汽车的快速发展提出了自己的观点，并对未来的自主品牌建设做出了展望。2012 年，王凤英接受了新浪汽车专访，建议国家应该奖罚分明，用明确的导向打造“中国制造”的整体品牌形象，塑造中国品牌，从而有效带动自主品牌走向海外。2013 年，王凤英接受了凤凰网访谈，提出“自主品牌优胜劣汰符合市场规律”的观点，表示长城汽车未来的技术和市场目标是更强大的全球综合市场。2015 年，王凤英在上海车展访谈中表示，市场的变化和调整是未来的趋势，关键是看谁能够握得住手里的方向盘。2020 年，王凤英接受了《21

世纪经济报道》记者的专访，认为中国汽车如今的"出海计划"绝非是在全球市场卖几万辆车就可以达成的；同年，王凤英在《新京报》的采访中表示了在疫情期间对汽车消费市场的期许，对如何帮助中国新能源汽车打开市场提出了建议。

（二）积极参政议政，提升社会影响力

2020 年 5 月 22 日，第十三届全国人民代表大会第三次会议在北京召开。作为第十一届、第十二届和第十三届的全国人民代表大会代表，王凤英今年是第 13 次参会。她在行业实践和深入调研的基础上，就中国汽车高质量发展和全球化路径等问题提出了诸多建议。在国内外产业竞争加剧、格局面临重塑的背景下，她着重关注了中国汽车产业小型电动车发展、氢能源产业发展、中国汽车"走出去"、机动车智能检测和汽车消费信息整合升级中的突出问题，以推动中国汽车产业的创新与高效发展。

图 3-17　2020 年《财富》MPW 女性峰会王凤英

（三）新媒体传播不足，品牌力量缺少凝聚力

王凤英本人没有运营微信公众号，一个名为"长城汽车王凤英"的微博账号也没有进行微博认证、发布任何微博，只拥有 17 万的粉丝数，其账号真实性有待查证。如果王凤英能充分调动粉丝群体，积极进行系统运营，相信其个人品牌的传播将会获得更好的效果。

第四章　大型民营企业发展助推中国影响力女性

案例一　陈丽华:富华集团董事长

图 4-1　陈丽华

陈丽华是房地产业、高级会所、高档公寓、物业管理、酒店管理、旅游、商贸、网络信息、航空服务领域的女企业家,胡润榜在榜女富豪。

一、品牌故事

陈丽华,1941 年出生于北京。幼年时,因家境贫寒,读到高中便被迫辍学。为了生活,陈丽华做起了家具修理生意,由于她颇具生意头脑,待人热忱又讲信用,很快便成立了自己的家具厂。1981 年年初,陈丽华从北京来到香港,心思活络的她开始通过地产买卖、国际贸易赚到了自己的第一桶金。

在陈丽华积累原始资本的时候,内地的改革开放拉开了大幕。特别是邓小平南方谈话以后,有着深厚情怀的她,觉得自己更适合在内地发展,就从香港"班师回京"。这个战略转移,不但让陈丽华实现了根回北京、成就事业的理想,而且还让她幸运地躲过了20世纪90年代末的亚洲金融风暴。

(一)长安俱乐部

回到北京后,陈丽华立刻拿到了临近天安门广场的一块地皮,斥巨资将其打造成了北京城内第一家五星级高档私人商业会所——长安俱乐部。据说,长安俱乐部入会条件极为苛刻,除了需要有老会员的推荐之外,还有这些门槛:年龄必须在45—55岁之间,是企业的"一把手",公司资产至少在5,000万元以上,最好会说英语。自2003年以来,由于年轻富豪的崛起,入会的年龄限制被取消,俱乐部内名商巨贾、知名人士来来往往。依靠强大的人脉资源,陈丽华不断扩大着自己的商业版图。

如今,长安俱乐部已成为中国顶级的会员制俱乐部,李嘉诚、郑裕彤、郭炳湘等华人富豪都是其名誉理事。

对于陈丽华来说,长安俱乐部的建设发展并不是一帆风顺的。工程还没正式开始,她就被泼了不少的冷水。《华商韬略——记百位杰出华商领袖》一书中曾提到:"当时我一说要做长安俱乐部,很多朋友说,丽华,你可做不了。"陈丽华遇到的第一个困难便是项目审批。因为项目场地毗邻紫禁城,与天安门广场的距离几乎可以用一墙之隔来形容,又恰逢北京主办亚运会,所以政府对这个项目的审批过程格外地仔细和谨慎。"举办亚运会前不能开工,等亚运会结束了还是不让开工。开不了工,这块地等于白拿。当时我资金有限,这又是我在北京的第一个投资项目。"为了审批,陈丽华等了4年,直到1994年才得以正式开工建设。

陈丽华的儿子,当时参与主管集团地产业务的赵勇回忆当时的情形时说:"我们都非常地犹豫。因为这是第一个项目,投入多,压力大。但是我母亲非常笃定,一定要把这件事情干好。她说这是第一个项目,决不能让人说咱们不讲信用。"等了4年的陈丽华办好手续后,其心情已没有太多兴奋可言。"我看手续办成了,夜里11点多,自己带着4辆汽车的人开始干,拿着铁锹就开始铲,铲了半车,把我冻坏了。"4年的等待极大地磨炼了陈丽华的耐力,她也明白了"不能因为是我出资就什么都不顾,每件事都要按政府的要求干"①的道理。

建设的过程也不简单。因为紧邻长安街,白天不能施工,只能晚上建设。陈丽华

---

① 尹婕.让中国紫檀文化走向世界[EB/OL].(2013-03-09)[2019-08-17].https://http://wenming.cn/wmzh_pd/jj_umzh/201303/t20130309_1108411.shtml.

和儿子赵勇一起上阵,不分昼夜,加班加点。一天晚上,凌晨两三点钟,陈丽华在工地上看到一个穿工作服的人用安全帽盖着脸睡在台阶上,她掀开一看,竟然是赵勇。"我的眼泪不知不觉就下来了,谁都做过母亲,感觉不应该给孩子那么大压力。他醒过来后,第一句话就是:'妈,这么晚了,您怎么还过来?'他知道心疼我。"妈疼儿子,儿子也疼妈,但事情还得做。一番安慰后,母子俩又披星戴月地忙活起来。

"作为投资人,你必须要亲自参与,要有把血变成汗流出去的精神,不吃苦就会被各种障碍绊倒。"陈丽华说。经过一年的建设,包括装修在内的一系列工程总算完工了,但赵勇又给陈丽华出了一道新的难题。他回忆说:"当时我们想越豪华越好。装修完以后,我们请了全球顶级私人会所管理集团 CCA 来管理。但签了合约后,对方全盘否定了我们的装修。"因为这件事,赵勇非常痛苦,一开始还不敢同母亲讲。最后还是陈丽华决定,拆了重修,要干就干最好的。陈丽华说:"能舍就能得,你要不能舍,就不能得。舍得、舍和得,这两个字是不能分开的。"①

(二)金宝街

金宝街的改造和建设项目始于 1998 年北京市政府赴港招商。当时,北京市政府决定在王府井的金鱼胡同与雅宝路之间打通一条 40 米宽的市政道路,让素有"金街"之称的王府井大街与东二环直接相连,以扩大王府井商圈的功能。同时,该项目还要对道路两侧进行危旧房改造,通过商业开发解决居民住房困难的问题。和以往的市政工程不同的是,政府这次推行了一个全国首创的运作模式:由开发商投资修路,对道路两旁进行危旧房改造并解决居民拆迁费用,政府给予开发商道路两侧开发权及配套优惠政策。这是一个极其考验开发商意志和能力的项目,面对看得见的矛盾、风险和把不准的利益、前景,不少人选择了观望。最后,市政府找到了陈丽华。陈丽华虽然备感压力,但是几经斟酌,她还是答应了下来:"政府信得过咱们,为百姓造福,就是全赔进去也值。"

她遭遇的首要难题就是拆迁。"有几千多户在那里住了大半辈子的居民要搬家,我们的拆迁压力有多大可想而知。"然而,工程开工后,陈丽华仅仅用了 28 天就顺利完成了这 2,100 户居民的拆迁,创下了京城地产界的一项纪录。她究竟是怎么办到

① 尹婕.让中国紫檀文化走向世界[EB/OL].(2013-03-09)[2019-08-17].https://http://wenming.cn/wmzh_pd/jj_umzh/201303/t20130309_1108411.shtml.

的？答案很简单："钱吃亏，不能让人吃亏。钱亏了还有机会赚回来，要是人的信用吃了亏，多少钱都买不回来。""这不是大方，而是人情味，有钱人要了解没钱人的难处。每户多给一点钱，他早迁走，你的投资进展就快，也给政府减少了麻烦。如果你迟迟开不了工，自己生气，百姓也骂你，"陈丽华说，"时间是生意人的命脉。"

拆迁时，陈丽华亲自深入拆迁户家中，嘘寒问暖，了解情况，听说拆迁户家有病人，她便在标准拆迁费的基础上为他们支付治疗费。陈丽华还时刻提醒赵勇："拆迁时不要给人奸商的感觉。另外，对于一些困难户要给予照顾，重在化解矛盾。即使没有拆迁，真正的困难户需要你帮忙，你也得帮。"有 4 户 2 年前住在其他胡同的人家，本不在金宝街一期的拆迁范围内，但他们在房子意外失火后，看到陈丽华人好、心好，便抱着试试看的心态找到了陈丽华。果然，陈丽华很快就特批了专款来帮助他们。

金宝街处于城市中心，传统文化氛围浓厚，陈丽华在保证拆迁和新建工程质量的同时，还注意保护了古物、文物。"为了原封不动地保留原貌，我们精心收集了拆迁后留下来的老瓦和旧房梁，已备重建时用。我们还设法收集了蔡元培先生的遗物、著作和历史照片，把他的故居开辟成博物馆，以更好地纪念蔡先生。"①

（三）紫檀博物馆

投资地产大获成功之后，花甲之年的陈丽华转而打起了传统文化牌。在她看来，自己生平最大的"投资"是对"活的国宝"——传统文化技艺的拯救。陈丽华对紫檀木的喜好近乎"痴狂"，她每年都要携重金远赴北回归线以南的热带雨林地区，顶着 40 摄氏度的高温穿行于危机四伏的原始森林，查访紫檀木的生长环境和质量，收集紫檀木基料。

1999 年 5 月，因为陈丽华在紫檀木雕刻艺术上的非凡成就，全球最大的艺术大学之一——萨凡纳艺术与设计学院授予了她荣誉人文博士称号。萨凡纳市市长还向陈丽华授予了金钥匙，宣布她为荣誉市民，将每年的 5 月 25 日定为"陈丽华日"。1999 年国庆前夕，陈丽华耗资 2 亿元建造的中国紫檀博物馆在京城正东处落成，该博物馆坐北朝南，一式的明清风格，气派恢宏。馆内有按 1∶5 比例制作的高达 3 米的紫檀故宫角楼，九梁十八柱七十二脊榫卯密合，瓦光柱圆，精致无双，总重达十几吨。紫檀木名贵而难求世人皆知，陈丽华单采买紫檀木就八进金三角等地，以每吨十

---

① 丁曼丽.政协委员陈丽华：营造和谐投资环境[EB/OL].(2005-03-04)[2019-11-09].http://finance.sina.com.cn/g/20050304/19011404909.shtml.

图 4-2 中国紫檀博物馆

几万元的价格购入。

20 多年过去了，由富华家具厂 1,000 余名员工精心打造的千件紫檀木家什都直接搬进了紫檀博物馆。海内外无数社会名流、商贾巨富都参观过京通快速路旁的中国紫檀博物馆，无不对美妙典雅的紫檀木藏品赞不绝口，但陈丽华统统一口回绝了对方想要高价购买的要求。因为“吝啬”，陈丽华得罪了不少商界朋友，但现在她有点想通了，准备拍卖几件。此外，陈丽华还有个大计划，她要把这些紫檀“宝贝”带到全世界做巡展。陈丽华说：“做别人没有的、世上无双的。别人都看重外国的高科技，我要做外国人看重的中国文化。”①

紫檀博物馆从规划到落成，均是陈丽华的个人投资，她曾坦言这个博物馆比她经手的任何一个地产项目都“费钱”——在单纯意义上，地产项目可以“钱生钱”，而博物馆非但不挣钱还要无休止地往里补贴。陈丽华并不指望这个博物馆能给她带来什么利润，她说：“亏损的博物馆不可能带来金钱上的回报。纯粹从经济上而言，我的这个文化投资或许是不成功的，但我从来没有怀疑过这个博物馆所蕴含的巨大潜在价值，寸檀寸金，馆里的藏品个个都是无价之宝，保守估计，那些紫檀木家具至少值 2 亿美元。我现在是用地产上赚的钱来料理这个博物馆。现在人们都追逐财富和高科技，

---

① 华夏经纬网.百富榜“第一女富婆”陈丽华的发家秘诀[EB/OL].(2003-10-16)[2017-08-22]. http://www.huaxia.com/zt/2003-44/582071.html.

我倒以为我这些宫廷工艺的紫檀木家具丝毫不比外国的高科技逊色!”①

图 4-3 陈丽华(右一)参加《继文绳武——清代帝王的家国天下》国家级大型展览

二、个人品牌定位

(一)事必躬亲

陈丽华说,务实是自己身上最重要的精神。从小到大,无论做什么工作,是盖平房还是打地基,都全身心投入。从不懂到懂,她一直认真探索,秉持着吃苦耐劳、虚心好学、精心操作的态度和操守,抓深抓细、抓得彻底,从不粗枝大叶。②

(二)肩负责任

除了自己亲力亲为、参与首都建设之外,身为中国人民政治协商会议全国委员会委员和中国人民政治协商会议北京市委员会委员的陈丽华还积极参政议政,为北京乃至全国的经济、社会发展贡献了智慧和力量。同时,她还利用自己广泛的人脉关系,呼吁大家一起投资祖国、建设祖国。

---

① 翰墨传情.她建的博物馆,仅次于皇宫![EB/OL].(2017-07-09)[2019-06-07].http://www.sohu.com/a/155708043_300289.

② 毕亚军.陈丽华:让中国紫檀文化走向世界[J].中国报道,2007(4):108-112.

(三)体恤民生

陈丽华对进城务工者的关注一直都很超前,她率先在"两会"期间提出要求国家重视进城务工者问题的议案。陈丽华自己的富华集团就按时给工人开工资,从不拖欠。每逢过节,公司还会出资让全体员工在一起聚餐。春节员工回乡,公司既给车费又发礼品,还派人送车。"凡是在我们企业工作的员工,一年四季的服装都由公司提供,我们还给来探亲的职工家属提供夫妻房。"陈丽华要让自己的员工找到家的感觉。

(四)热衷慈善

在富华集团的官网上,董事长陈丽华被称为"爱国港商",目前担任中国政协会议全国委员会港澳台侨委员会副主任、中国侨商投资企业协会常务副会长、北京侨商会会长等职务。富华集团也称将长期致力于扶贫赈灾、生态环保、公民教育、就业促进、艺术捐赠等公益事业,全面践行企业公民之责任,不断追求以更优异的表现回报社会。①

三、个人品牌识别

(一)理念识别

在管理层面,陈丽华认为,团队精神非常重要。企业的发展主要靠企业的骨干。在工作当中,要聘请专家、学者和行家里手,启用精英。个人智慧与专家经验相结合,才能创造精品。只有先关心大家,大家才会热爱企业,上下才能形成合力。此外,家族企业在经营战略上必须进行改革,尽量摆脱家族的管理模式,积极与现代企业管理模式接轨。

"有人情味"是陈丽华身上最显著的标签,这份"人情味"让陈丽华在政府、消费者、老百姓心中树立起了良好的形象。陈丽华带领的富华集团处事低调,给人一种靠谱、稳重的可信任感。同时,她一直以来都强调企业经营与国家和人民的发展息息相关,"爱国"的标签也是其一大亮点。

(二)行为识别

"以高端地产为发展核心,自主开辟出一条'高端地产全产业平台'的道路",富华

---

① 陈丽华.女首富的财富人生[J].现代企业文化,2017(Z1):34-35.

图 4-4 陈丽华

集团官网上的标语概括了陈丽华的商业版图扩张之路。经过近 20 年的打拼，富华集团的发展势头持续向上，陈丽华利用手中积累的财富，开始了多元化投资，以房地产业为主，兼及高级会所、高档公寓、物业管理、酒店管理，并介入旅游、商贸、网络信息、航空服务等领域。陈丽华在澳洲以及东南亚等地均设置了分公司，在国内大连、深圳、秦皇岛等城市进行了投资，但其主要投资趋向还是在北京。陈丽华曾表示，她准备在北京市朝阳区金盏乡投资数 10 亿元兴办大学城、医院，积极投身于教育产业、医疗事业。

虽然远离"资本市场"，但 70 多岁的陈丽华依然不失为一位出色的女董事长，她对工作一丝不苟，每天亲自聆听下属汇报业务发展情况的时间均超过 1 个小时。勤奋努力、事必躬亲的陈丽华充分发挥了她潜在的商业才能——及时把握市场经济动向、做出正确决策，富华集团由此才逐渐形成了独特的经营风格。

（三）形象识别

年轻时的陈丽华五官非常精美，留着一头长发，有着良好的外在条件。如今的陈丽华年过 70，一头卷卷的短发，霸气中不失优雅。

图 4-5　2014 年意大利佩鲁贾外国人大学铂奇诺校长向陈丽华颁发金制勋章

四、女性个人品牌传播

2018 年 7 月 4 日，陈丽华参与录制了《鲁豫有约一日行》，在节目中表达了对故宫博物院的感恩之情。她在故宫博物院建福宫举办了新书《陈丽华的城门梦》发布会，这本书记录了她复现老北京城门及老北京城门历史变迁的故事。发布会现场，时任故宫博物院院长的单霁翔表示："这本书是一个记录文化传承的伟业。"多年来，陈丽华获得多种个人荣誉，多次上榜胡润女富豪，因此产生了众多关于"陈丽华女富豪"的新闻内容，让"陈丽华"这个品牌受到持续关注。

案例二 陶华碧："老干妈"油制辣椒酱创始人

图 4-6 陶华碧

陶华碧创建了由坊间延伸到全球市场的产业链，是全国杰出创业女性、中国百名优秀企业家之一。

一、品牌故事

陶华碧，"老干妈"油制辣椒酱(以下简称辣椒酱)创始人，于1947年出生于贵州省湄潭县永兴镇的一个农村家庭，是家里的第8个孩子。"贫穷"和"苦难"是这个家庭的标签，也是陶华碧的标签。她为了在饥荒年代"吃点好的"，便发挥自己的创意，就地取材，将贵州特产——辣椒做成了具有独特风味的辣椒酱。随着年龄增长、阅历增加，陶华碧制作辣椒酱的手艺越发精进，"老干妈"油制辣椒酱也沉淀成口口相传的"家的味道"。

陶华碧从小吃辣椒酱，自己也做辣椒酱，发达之后其饮食爱好之一依然是吃自家的辣椒酱。在一次活动中，陶华碧表示自己炒菜的时候就会加上一些辣椒酱，这样炒出来的味道会更上一个层次。特别是在炒排骨的时候，会把一整瓶的"老干妈"都加进去，有时候一瓶不够得加两瓶。①

(一)创业之初

20世纪90年代，陶华碧用提篮装着辣椒酱，走街串巷地向各单位食堂和路边的商店推销。一开始，食品商店和单位食堂都不肯接受这名不见经传的辣椒酱，于是陶华碧跟商家协商，将辣椒酱摆在商店和食堂柜台，卖出去了再收钱，卖不出就退货。一周后，商店和食堂纷纷打来电话，让她加倍送货；她派员工加倍送去，竟然很快又脱

① 南十字世界奇谈.陶华碧亲自传授"老干妈"新吃法，网友拒绝：对不起，家里没矿[EB/OL].(2014-07-13)[2018-09-21].http://baijiahao.baidu.com/s?id=1617278588322060303&wfr=spider&for=pc.

销了。陶华碧从此开始扩大生产。[①]

随着生产规模的扩大,陶华碧发现自己找不到适合装辣椒酱的玻璃瓶了。她找到贵阳市第二玻璃厂(以下简称贵阳二玻),但当时年产1.8万吨的贵阳二玻根本不愿意搭理这个要货量少得可怜的小客户,拒绝了为她定制玻璃瓶的请求。面对如此境况,陶华碧开始了她的第一次“商业谈判”:“哪个娃儿一生下来就是一大个,都是慢慢长大的嘛,今天你要不给我瓶子,我就不走了。”软磨硬泡了几个小时后,双方拟定了如下协议:贵阳二玻允许她每次捡几十个瓶子拎回去用,其余免谈。[②] 陶华碧满意而归。

(二)逐步发展

图4-7　“老干妈”产品图片

“老干妈”辣椒酱一瓶只卖8元,就着馒头就是一顿酣畅的午饭,它被进城务工者装进了包袱,走向了全国。从1998年开始,如火如荼的城市化进程使进城务工者的数量和规模达到了一个高峰。据统计,跨省流动就业的进城务工者主要来自安徽、江西、四川、湖南、湖北、河南、广西、重庆、贵州等中西部省份。仅2002年,上述9个省份的跨省流动就业劳动力之和就占到了全国总量的81%,而其中大多数省份,都有吃辣的习惯。“老干妈”首先派出营销人员前往广州调研。21世纪初的广州,城市发展一马当先,进城务工者云集。广式菜清淡,需要辣子刺激。进城务工者爱吃辣,“老干妈”成为带得走的家乡味,名号继而蔓延开来。渐渐地,广东人也有爱吃辣的了,“老干妈”首先在广州市场取得突破,继而逐渐实现了全国扩张。有数据显示,那个时候的“老干妈”8块钱一瓶,每天能卖出130万瓶,一年用掉了1.3万吨辣椒、1.7万吨大豆,光2013年的销售额就高达40亿元,到2015年产值增长了74倍。与进城务工者相比,早期

①② 申鑫,刘尧.“老干妈”:把5块钱生意做成25亿[J].中国市场,2010(Z3):116-117.

的卡车司机算得上是高收入人群，但他们需要在全国各地跑车运货，风餐露宿的卡车司机很多时候只能吃“老干妈”配馒头。因此，“老干妈”产量暴涨，卡车司机用“老干妈”下饭，“老干妈”也因而得到了大量的运货单。有货运行业创业者发现，在贵州，一到“老干妈”集中出货的时候，全国到贵州的运价都会降低。“老干妈”一年的用油量是 15 万吨，这意味着大约需要 5,000 辆油罐车。事实上，每天至少有 10 辆油罐车从全国各地拉来菜籽油；同时，还有 4 万吨辣椒沿着遵义、新疆、河南的高速公路驰向贵州。据“老干妈”企业董事长秘书介绍，2018 年 1 月，“老干妈”辣椒酱的日生产能力已经超过了 300 万瓶。高速公路成了四通八达的好“肠胃”，一点点消化着这巨大的产量。①

（三）何以不上市

陶华碧公司的初始注册资本仅 1,000 万元，如今的年销售额已达数 10 亿元。陶华碧曾在 2011 年至 2014 年 3 年间缴纳了 18 亿元的税，2016 年的年度销售额更是突破了 45 亿元。作为家族企业，“老干妈”的股东结构异常简单，只有陶华碧与两个儿子。如今，陶华碧退出，两个儿子继续分管企业。“老干妈”成立至今 20 余年，一直有一条铁打的原则：“不贷款、不融资、不上市。”陶华碧本人曾经说过：“我坚决不上市，那是骗人家的钱！”

有人曾感叹，和“老干妈”谈融资、搞多元化，比和外商谈投资还要难。即使是在扩大公司生产规模这样的事情上，陶华碧也固守着自己的谨慎。

“老干妈”坚持不上市的最大底气来自由过硬的产品质量带来的庞大现金流。一家企业的市场地位最应依托的是自身强有力的产品质量，“老干妈”辣椒酱多年来一直保持优秀品质，价格也一分未涨，所以能迅速占领市场。②

此外，“老干妈”不上市还源于陶华碧能够坚持“消费者至上”的办企理念，没有像其他企业那样盲目扩张，从而有比较充裕的资金资源维持企业的稳定。陶华碧作为传统企业的老板，没有过多地考虑资本和融资问题，也不担心资金周转不灵。在这样

---

① TOP 人物.神奇女神“老干妈”[EB/OL].(2018-08-15)[2019-09-04].https://www.hidianzixun.com/article/0JnrzEzR? s = oppobrowser&appid = oppobrowser& _ pf _ = detail&impid = 0Jmv5yy3_1534410485407.

② 资本门.“老干妈”陶华碧退隐幕后，千亿级品牌选择不盲目上市是家族传承之道|资本门人物[EB/OL].(2017-11-11)[2017-12-29].https://m.sohu.com/a/203741006_334665.

的情况下,“老干妈”不上市也无可厚非。

在经销商管理上,“老干妈”比较严格。要想成为“老干妈”的经销商,首先,要交数千万元的押金以证明资产实力;其次,现金流要好,因为“老干妈”从创业之初到现在,一直坚持现款现货交易,基本上从不赊账也从不退货,除非有质量问题,不然是无法退货给“老干妈”厂家的。

图 4-8　2018 年“老干妈”陶华碧接受采访谈纳税

(四)享誉国际

当“老干妈”在内地市场站住脚后,又逐渐向香港、台湾、日本等地区和国家进行市场拓展,到目前为止已经拥有 40 多个地区和国家的海外市场。“老干妈”每一天都会生产大约 130 万瓶辣椒酱,由等候在厂区的卡车拉到销售渠道,然后迅速被发往中国各地的大小超市以及遍布五大洲的地区和国家。娃哈哈贵州分公司的一位渠道经理说:“有华人的地方,就有‘老干妈’,它最大的意义是提高了华人对辣椒的接受度和依存度,改变了华人的口味。”

让“老干妈”在互联网掀起舆论狂欢的是留学生。他们在社交网络捧“老干妈”为“宅男女神”,用这个味道慰藉乡情。在由两个哈佛商学院的高才生创办的“Gilt”奢侈品电商平台里,“老干妈”赫然在列。网站提醒购买者,不要被商标里严肃的妇女头像所吓退,这可是“全球顶级的辣椒酱”。在“Gilt”,“老干妈”售价近 12 美元,在美国亚马逊上的价格也达到了 9 美元一瓶。

2018 年,在纽约市时装周“中国日”中出现的男人装联名卫衣以“老干妈”辣椒酱的颜色为底色,胸前印有“老干妈”标志,掀起了一阵国内外对“老干妈”的关注,使“老干妈”成为国际时尚的焦点。

二、个人品牌定位

(一)坚守初心的创业者

作为"老干妈"创始人,陶华碧的发展主线主要分为两条,第一条是坚持做好辣椒酱,第二条便是进行朴实而强有力的营销。之所以说陶华碧具有一种淳朴而充满力量的营销能力,是因为这种能力并非后天培养,陶华碧从立业到发家,其每一步的突破都是凭借一股坚韧不拔的"蛮劲"而实现的。回顾自己的创业史,"老干妈"陶华碧简明扼要:"我不坚强,就没得饭吃。"

(二)童叟无欺的经营者

2001年,有一家玻璃制品厂给"老干妈"公司提供了800件(每件32瓶)玻璃瓶。谁知,辣椒酱刚销售到市场上就有客户反映:"有的瓶子封口不严,有往外漏油的现象。"一些管理人员向陶华碧建议:"可能只是个别瓶子封口不严,把这批货追回重新封口就行了,不然损失就太大了,这可是800件货呀!"陶华碧却坚决地说:"不行!这事关公司的信誉!马上派人到各地追回这批货,全部当众销毁,一瓶也不能漏掉!损失再大,也没有在市场上失信的损失大!"①

(三)执着、坚定的领路人

陶华碧最突出的个性就是执着,这个个性影响了其许多的选择与决定。她执着于不上市,坚持销毁有问题的包装瓶,坚持现款现货,绝不拖欠国家税费。

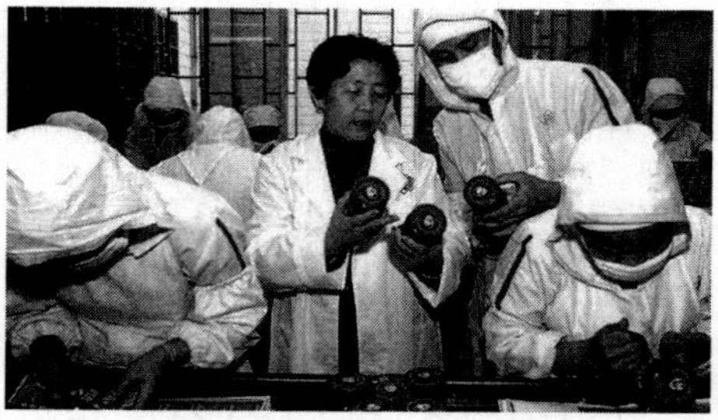

图 4-9 陶碧华在车间指导工作

(四)口碑至上的生产商

陶华碧对于年轻人有着这样的期望——她认为"人有压力,就有动力"。"人都有碰到困难的时候,你一定要努力。别人能拼下去,难道你就拼不下去吗?"②对于企业,她最大的心愿是:"我这个企业像蛋糕一样做大、做强、做好。创民族品牌,立千秋大业,我要做千年光彩。做事要看长远,我们要做到祖祖辈辈,目光短浅是走不了多远的。金杯银杯抵不过消费者的口

---

① 李爱国.解读陶华碧成功神话[J].金融经济,2005(1):31-32.

② 张立娜."老干妈"创始人陶华碧:我不坚强,就没得饭吃[M].北京:华文出版社,2016:64.

碑,我从来没有打过广告,靠消费者的口碑一个传一个,有华人的地方就有我们的产品。人算不如天算,做事、做人,都要凭自己的良心,我对得起自己的良心。”①

三、个人品牌识别

图 4-10 2012 年陶华碧参加“两会”

(一)理念识别

在陶华碧的公司,没有人叫她董事长,全都喊她“老干妈”,公司 2,000 多名员工,她能叫出 60%的人名,还记住了其中许多人的生日,每个员工结婚她都要亲自当证婚人。除了“干妈式”的管理之外,陶华碧在公司的结构设置上也颇有自己的特色。“老干妈”没有董事会、副董事长和副总经理,公司只设置了 5 个部门,陶华碧下面就是谢邦银和王武,一个管业务,一个管行政。谢邦银笑称自己就是个“业务经理”,因为总要扑到一线拼命。

诚信让陶华碧赢得了好声誉,尝到甜头的她更加把诚信经营当作企业发展的法宝。她自信地说:“我就靠诚信,我要诚得别人不忍心骗我!谁要是骗了我,别人就会说:‘你连她都忍心骗啊?’谁就在同行中臭名远扬,难以立足!”②

(二)行为识别

从 1998 年开始,陶华碧轮流把公司的管理人员派往广州、深圳和上海等地,让他们去考查市场,到一些知名企业中学习先进的管理经验。她说:“我是老土,但你们不要学我,单位不能这样。你们这些娃娃出去后,都给我带点文化回来。”③

“老干妈”的生产规模爆炸式扩大后,重庆、郑州等地的大型企业纷纷与“老干妈”进行合作,贵阳二玻与这些企业相比,在成本和质量上毫无优势。但陶华碧从来没有削减过贵阳二玻的供货份额,现在“老干妈”60%的玻璃瓶都由贵阳二玻生产。贵阳二玻有 4 条生产线,其中 3 条为“老干妈”24 小时开动。④ 陶华碧还搭建了一条“企

① 佚名.“老干妈”的财富经[J].中国林业产业,2014(8):52-54.
② 李爱国.解读陶华碧成功神话[J].金融经济,2005(01):31-32.
③ 申鑫,刘尧.“老干妈”:把 5 块钱生意做成 25 亿[J].中国市场,2010(Z3):116-117.
④ 申鑫,刘尧.“老干妈”:把 5 块钱生意做成 25 亿[J].中国市场,2010(Z3):116-117.

业十基地十农户”的农业产业链，通过自产基地，“老干妈”成功留住了味道和品质，产品更是销往全球、家喻户晓，“老干妈”也因此被网友戏称为“国民女神”。①

陶华碧从来不拖欠国家的税费，也不向政府贷款，连贴息贷款也不要。无论是收购辣椒还是把辣椒酱卖给经销商，陶华碧永远现款现货，“我从不欠别人一分钱，别人也不能欠我一分钱”②。

（三）形象识别

“老干妈”创立初期，李贵山就曾申请注册商标，但被国家市场监督管理总局商标局以“‘干妈’是常用称呼，不适合作为商标”的理由驳回。这给了仿冒者可乘之机。全国各地陆续出现了 50 多种“老干妈”，特别是湖南“老干妈”，商标和贵州“老干妈”几乎一模一样。陶华碧不依不饶地与湖南“老干妈”打了 3 年官司，从北京市第二中级人民法院一直打到北京市高级人民法院。贵州“老干妈”维权案成为 2003 年中国十大典型维权案例之一。2003 年 5 月，陶华碧的“老干妈”终于获得注册证书，湖南“老干妈”的注册被依法注销。③

图 4-11 微博中与“老干妈”相关的用户截图

---

① 艾问人物.“老干妈”谢幕了？陶华碧 75 身家为何拱手让人？|艾问每日人物[EB/OL].(2020-07-22)[2020-0－9-21].http://www.c60doc.cn/article170937414_926196067.html.

② TOP 人物.神奇女神“老干妈”[EB/OL].(2018-08-15)[2019-09-04].https://www.hidianzixun.com/article/0JnrzEzR? s = oppobrowser&appid = oppobrowser& _ pf _ = detail&impid = 0Jmv5yy3_1534410485407.

③ 申鑫，刘尧.“老干妈”：把 5 块钱生意做成 25 亿[J].中国市场，2010(Z3)：116-117.

"老干妈"辣椒酱能够畅销海内外与其包装上陶华碧的个人肖像不无关系。陶华碧的外表与普通的农村妇女形象无异,单眼皮、高颧骨、宽鼻头……其个人形象与产品形象都带给消费者一种朴实、真诚的印象,可以说,陶华碧和其产品互为彼此的识别标志,陶华碧是"老干妈"行走的名片,"老干妈"是陶华碧企业的宣传。

四、个人品牌传播

(一)重视口碑传播

"老干妈"的传播方式十分明确,主要依靠口碑传播;同时,外国留学生群体在互联网掀起了"老干妈"热潮,为"老干妈"提升了不少热度。

(二)个人影响力传播

胡润全球富豪榜让我们看到了陶华碧的身价:2008 年,陶华碧以 15 亿元成为排位最靠前的贵州企业家;2012 年以 36 亿元的身价登上胡润 2012 年中国富豪榜;2015 年,陶华碧以 68 亿元的资产再度跻身胡润全球富豪榜。这些排名都使得陶华碧的个人品牌得到了有效的传播。

(三)回避媒体采访

"老干妈"的管理团队大概是目前中国大型企业中最神秘的一支,陶华碧对他们的要求之一就是不接受任何的外界采访。坊间对这支团队的评价大致为:忠诚、勤勉、低调。[①]"老干妈"不通过媒体渠道提升影响力,而是借助产品质量赢得市场。事实证明,产品是企业的立足之本,口碑是企业发展的强势路径。

---

① 佚名."老干妈"的财富经[J].中国林业产业,2014(8):52-54.

案例三 张茵:东莞玖龙纸业(控股)有限公司董事长

图 4-12 张茵

张茵被誉为"废纸大王",是 2007 年登上《福布斯》的第一位女首富。

一、品牌故事

张茵,1957 年 2 月出生于广东韶关,祖籍黑龙江省鸡西市,现任东莞玖龙纸业(控股)有限公司(下称玖龙纸业)董事长。

对于张茵而言,童年的经历让她形成了独立自强、不畏艰难、坚持不懈、雷厉风行的个人特点和行事风格。她幼年生活艰辛,父亲是南下干部,家里有 8 个姊妹。作为家里的老大,张茵从小就担起了家中重任。虽然家中人口多,但张茵年纪轻轻就能把家中的事安排得顺利、妥当。童年的生活环境并没有给张茵带来太多学习的机会,她意识到自己已经输在了起跑线上。在得知可以考大学后,张茵拼命地争取一切机会去阅读和学习,最终考上了大学,主修财务、会计。1982 年,毕业后的张茵进入了深圳一家公司做会计。虽说是从最基层做起,但她踏实能干,凭借自己的实力一跃成为公司的核心人员。①

1985 年,张茵认识了废纸行业的一位师傅,这位师傅告诉她:"废纸就是森林,将来造纸业肯定要从资源造纸向再生纸发展。"②张茵了解到,内地造纸的基本原料都从香港进口,看着铺天盖地的废纸被打包从香港发往内地,张茵想,如果自己能打造一个连接内地和世界的回收地,毋庸置疑,利润会相当可观。③ 因此,张茵放弃了优

---

① Bob Kou.创业人生 | 张茵:从一无所有到身价四百亿[EB/OL].(2017-12-17)[2019-09-19].https://www.sohu.com/a/211010130_816809.

② 创业家.张茵辞职创业,成为废纸回收大王,现今身家 290 亿[EB/OL].(2018-07-15)[2019-04-12].http://www.sohu.com/a/241281770_117373.

③ Bob Kou.创业人生 | 张茵:从一无所有到身价四百亿[EB/OL].(2017-12-17)[2019-09-19].https://www.sohu.com/a/211010130_816809.

厚的薪资和住房条件,带着3万元人民币来到香港闯荡。张茵的家人对她的这个决定忧心忡忡,张茵好说歹说,她妈妈才勉强同意她的做法。

创业初期是非常辛苦的,甚至可以用心惊胆战来形容。一方面,张茵对这个行业不熟悉,她满怀斗志地去各区域回收废纸,没想到收回来的大半是发霉、潮湿的纸,达标的不到一半。无能为力的张茵只能用笨办法,对废纸逐一进行检查。一车废纸看完需要一整天,但是看得多了,张茵也练就了一双火眼金睛,废纸质量如何她一眼就能辨识。另一方面,张茵还遇到了商业欺诈和当地黑社会的阻挠。事业刚刚小有起色的张茵有次收到了一笔300万港币的订单,惊喜之下,她并没有细看条款就与人签订了合同。但商场如战场,各方面都还很稚嫩的张茵很快就付出了自己商业生涯的第一笔"学费"。交付完货,她收到了货款:300万韩元。从300万港币到300万韩元,这之间的差距让张茵仿佛从天堂掉落到地狱。于是,她做出了一个惊人的决定:冒着生命危险与骗子对峙。在警察的帮助下,张茵靠着惊人的胆魄拿回了属于自己的报酬,也让同行意识到这个内地来的女人不好惹。

20世纪80年代初的香港,是资本家与白领的天堂,在霓虹灯光衬托下的棚户区显得衰败且灰暗。即使人们知道废品回购商收入不菲,但还是很难拿正眼看待他们。衣服破烂,住的地方污水横流,是当时香港的上流社会对废品回购商的固有印象。张茵作为废品回收商的头,哪怕她穿戴整齐,也一样会遭到别人的鄙视。来香港许久,除了生意伙伴,张茵几乎没有朋友。她只能自己安慰自己:"这段时间过去就好,反正来香港是为了赚钱,堂堂正正赚钱比什么都好。"在张茵的努力下,她的废纸良品率大大提高,人们都知道有个叫张茵的内地女人做生意诚实,于是纷纷与她建立合作关系。据中国电商网报道,由于张茵业务能力实在太强,让同行的生意一落千丈,她也因此惹怒了三合会。同行开始排挤张茵,三合会派人去打砸张茵的工厂,阻碍她做生意,甚至恐吓她的下游供货商。受到威胁的供货商纷纷投靠对方,一时间张茵成了光杆司令。但有了上次处理诈骗事件的经验,张茵果断采取了两条措施,一方面,她立马报警,让警察对黑社会施压;另一方面,她亲自到棚户区,一家一家地找她的供货商。在警察的施压下,三合会放弃了对她的报复,她也靠真心和努力挽回了下游供货商。①

凭此一役,张茵的大名彻底在废品收购行业打响,她靠她的胆识和真心建立起了可靠的供货网络。为了保证品质并提升销售业绩,她率先采用技术降低了废纸中的杂质和水分。事实证明,这样做是行之有效的,张茵的生意越做越大。②

虽然张茵的生意在香港发展得如鱼得水,但在她看来,香港的废纸资源毕竟有限,无法实现自己成为"废纸大王"的梦想。面对内地对废纸的需求量越来越大,且废纸质量较差的境况,张茵决定再次开拓新的领域,进军美国市场。1990 年,张茵和刘名中(张茵的丈夫)奔赴美国。刚到美国时,人生地不熟,张茵凭着自己在香港积累的经验和资金成立了中南控股集团。刘名中开着车去拜访客户;张茵不懂英语,就带着翻译到处游说。在美国,张茵学到太多东西,她意识到美国是一个比香港更为规范和透明的市场。③ 张茵还发现了一个更重要的机遇——中国大量运送出口货物的集装箱回国时都是空的。因此,张茵用极低的运费把美国的废纸运到了中国。在当时,中国是"世界工厂",每天有成千上万件工业产品需要大量的包装纸板,这给张茵的废纸事业带来了巨大的商业机会。

1996 年,张茵果断地在东莞投下 1.1 亿美元,设立了玖龙纸业。她出任董事长,刘名中任副总裁。在商场中,张茵和刘名中是完美的夫妻搭档,张茵也坦言,没有刘名中的支持和帮助,她就不可能有今天,她说自己选对了丈夫。1997 年,"废纸回收大王"张茵的公司被美国评为妇女企业 500 强。1998 年 7 月,玖龙纸业的第一条生产线建成投产,很快,玖龙纸业的纸产品变得供不应求,可口可乐、耐克、索尼、海尔、TCL 等知名企业纷纷成为张茵的客户。2000 年以后,玖龙纸业开始挥师北上江苏太仓,迅速达成 95 万吨产能,几乎再造了一个东莞玖龙。2005 年年底,玖龙纸业的产能达到 330 万吨,超越了国内的晨鸣纸业,成为亚洲排名第 2、世界排名第 8 的造纸巨头。玖龙纸业的"废纸回收"产业链随后发展到了一个历史性的顶峰。2006 年,玖龙

---

① 魏无忌.从废品里诞生的百亿女富翁!张茵:我曾卑微如尘土,如今冲上云霄[EB/OL].(2018-10-09)[2019-02-06].http://www.sohu.com/a/258939424_664803.

② Bob Kou.创业人生 | 张茵:从一无所有到身价四百亿[EB/OL].https://www.sohu.com/a/211010130_816809.

③ 创业家.张茵辞职创业,成为废纸回收大王,现今身家 290 亿[EB/OL].(2018-07-15)[2019-04-12].http://www.sohu.com/a/241281770_117373.

纸业在香港联合交易所有限公司挂牌,张茵以 270 亿元的身价击败了众多实力强劲的男性对手,成为 2007 年上榜《福布斯》的第一位女首富。在一贯由男性主导的财富世界里,张茵的成功为女性赢得了一席之地,颠覆了中国传统的财富格局。

然而,从 2007 年开始,玖龙纸业的"废纸回收"链条开始向薄利化倾斜。中国纸网的统计信息显示:2007 年,原料"美废 11 号"价格已经从 2007 年年初的 171 美元/吨涨至 2007 年年末的 231 美元/吨,涨幅达 35%;2008 年 3 月,该原料进一步涨至 244 美元/吨。随着美国废纸回收价格的提高以及航运价格的提升,玖龙纸业的造纸原料采购开始承受着越来越大的成本压力。2008 年的经济危机给张茵的产业带来了巨大的冲击,"三重门"(提案门、血汗工厂、破产门)接踵而至。面对如此大的压力,经历过许多大风大浪的张茵镇定指挥,该叫停的叫停,该调整的调整,绝不允许股权稀释。她大刀阔斧,力挽狂澜。随后,玖龙纸业开辟了新的事业线,开始了在东南亚的基地建设。

"要发展特种纸就必须使用木浆。"这一战略变化意味着玖龙纸业必须走向"林纸一体化"道路,拥有自己的木浆资源。已经成为中国纸板箱龙头的玖龙纸业,在历经了 10 年的"废纸回收—再造纸"模式后,正式向"造林—制浆—造纸—再回收—再造纸"的全产业链条转变。[①] 经过多重努力,玖龙纸业在短时间内"速配"了多个木浆基地和一个林木项目,地理跨度囊括了云南、内蒙古、重庆和越南。至此,玖龙纸业的生产和原料基地已经基本实现了从沿海到西部,从北方到南方的全方位布局。2010 年,当其他领域和行业依旧深陷经济危机之时,玖龙纸业创造了 22.2 亿元的利润。这个数字到 2016 年将近翻了两番。张茵通过自己的努力,让"古老"的造纸业在新经济环境下,重新回到被互联网及房地产霸屏的财富榜单上。[②]

---

① 吴程涛.张茵蜕变"血汗门"[EB/OL].(2008-06-22)[2019-07-03].http://www.wyzxwk.com/Article/shidai/2009/09/38592.htm.

② Bob Kou.创业人生 | 张茵:从一无所有到身价四百亿[EB/OL].(2017-12-17)[2019-09-19].https://www.sohu.com/a/211010130_816809.

表 4-1 张茵个人经历简览

时间	事件
1985 年	在香港做废纸回收贸易。
1988 年	在广东东莞建立自己的独资工厂。
1990 年	从香港转战美国,张茵与丈夫刘名中建立美国中南有限公司,为其在中国的工厂提供可回收废纸。
1996 年	在广东东莞投资 1.1 亿美元成立玖龙纸业,生产牛卡纸。
1999 年	对玖龙纸业继续注资 1.1 亿美元,进行二期工程扩建。
2004 年	再度投入 1 亿多美元,进行三期工程扩建。
2008 年	经历“提案门”“血汗门”“破产门”。

二、个人品牌定位

在别人眼中,天时、地利、人和造就了张茵今日的辉煌,甚至连张茵自己也将成功的原因归结为“运气好”。然而,任何成功都不是偶然的。从张茵的经营风格就可以看出,她对市场空白点的掌握、对行业成长性的准确预测等都是其自身实力的一种体现,仅凭“运气好”是无法做到这一点的。张茵始终坚持的经营法则和经营理念,才是其成功无法被别人复制的精髓所在。

三、个人品牌识别

(一)理念识别

张茵在 2018 年接受采访时提到:“我觉得,作为企业家,要想获得成功,就应该做到以下几点:第一,具备对市场的敏感性,要善于把握机会;第二,要有持之以恒的毅力,对行业要专注,做到‘做一行、爱一行、专一行’;第三,我们做人应该‘知足常乐’,但是在事业上不能有满足的心态,要有不断追求、不断创新的意识,这是非常重要的。我的目标就是结合信息化、自动化、智能化,将玖龙纸业打造成一个‘百年品牌’‘百年制造’,让员工的生活变得更好,让他们对工作更有激情,同时尽到对政府、对投资者、对社会的一份责任。我们的努力永远在路上。”①

① 王潇.[专访]时隔三年张茵再获亚洲年度 CEO,玖龙 2018 年计划曝光![EB/OL].(2017-04-05)[2019-03-27].http://www.sohu.com/a/132067411_167159.

有媒体估算，张茵的实时财富值已排在中国女富豪榜前列。对于评选机构、媒体给自己的排名、评选，张茵说："我觉得被排名、被评选是很正常的一件事。尤其是玖龙纸业成为上市公司之后，管理和经营数据非常透明，这也是公司价值的一个体现。而对于我个人来讲，我始终关注的是企业长期、稳健的发展，对于市场机会，玖龙纸业也不会放过，但一定是看准了才会去做。"①

(二)行为识别

除了打造百年企业和做好环保事业，张茵还有一个关注重点——扶贫工作。张茵说："人和企业的价值在于对社会的贡献，这是我们企业家追求的方向。我相信不仅是我，很多企业家也是这么想、这么做的。"据了解，玖龙纸业每年都参与"630"活动。此活动是广东践行"精准扶贫"的一项意义重大的活动，也是玖龙纸业参与的持续时间长、投入资金多、扶助范围广的公益活动之一。从 2010 年首届"630"活动开始，玖龙纸业连续 6 年，每年捐助 1,000 万元现金。在国家扶贫攻坚的关键年，玖龙纸业更是将捐款提高到 2,000 万元，累计捐款 8,020 万元。张茵还将这些捐款通过"定点帮扶"的方式用在"救助和关爱贫困及弱势群体、产业扶贫、教育支持、农村基础设施建设和完善、改善贫困地区人员生活"等方面，惠及汕尾、揭阳、普宁、陆丰、清远、韶关、河源、阳春等粤西、粤北多个欠发达地区。

另外，玖龙纸业还坚持进行"玖龙班"扶贫助学项目长达 10 多年。"玖龙班"是一项帮助贫困地区学员再教育及就业的工程，每期学制一年，由公司承担学员在培训期间产生的学费、书本费、生活费、住宿费等。学员主要学习制浆造纸工艺、操作设备的理论知识及实操技能，理论课程结束后学员就会被安排到公司现场实习。学员完成培训考核后能取得正规院校的大专结业证书并被分配到公司的相关岗位工作。岗位考核通过后，学员在公司内享受与大专毕业生同等的待遇。

(三)形象识别

白色蕾丝衬衫、职业黑西装裤、得体的黄绿色长外套搭配优雅的腰带与胸针，中国第一位白手起家的女首富张茵出现在受访会议室时，让众人眼前一亮。这位在制

① 谭海清，麦婉华．张茵："废纸女王"的扶贫情结[EB/OL]．(2017-03-24)[2019-08-15]．http://www.sohu.com/a/130200087_658762．

造行业中纵横多年的女强人不仅性格随和爽朗、快人快语,而且极富亲和力,即使是初次见面也丝毫不会让人感到拘束。①

图 4-13 2019 年张茵在中国造纸可持续发展论坛暨《中国造纸工业可持续发展白皮书》发布仪式现场

四、个人品牌传播

1996 年,张茵夫妇在东莞投资 1.1 亿美元设立了玖龙纸业,开始了用废纸环保造纸的事业。如今,玖龙纸业是中国首个年产能过千万吨的造纸集团,蝉联中国造纸行业榜首。

她的个人传记《靠专注去成功:中国女首富张茵的财富人生》于 2012 年 1 月在广东经济出版社出版。这本书从创业、管理、家庭 3 个方面分析了张茵的传奇创业历程。张茵没有显赫的背景,一路走来,全靠自己打拼,是一位真正意义上白手起家的创业致富者。

然而,张茵本人并未开通个人微博账户或微信公众号,缺少对其个人品牌的维护与运营。

① 谭海清,麦婉华.张茵:“废纸女王”的扶贫情结[EB/OL].http://www.sohu.com/a/130200087_658762.

案例四 吴亚军:龙湖地产有限公司董事长

图 4-14 吴亚军

运筹帷幄的地产巾帼,龙湖地产有限公司(以下简称龙湖)女掌门。

一、品牌故事

吴亚军于 1964 年出生,1984 年毕业于西北工业大学导航工程专业,做过记者、编辑等工作。

(一)创业之源

对吴亚军来说,是一次糟糕的买房经历让自己有了盖房的梦想。10 多年前,吴亚军第一次跟家人在重庆买了一套房子。这套面积大约只有 80 平方米的房子,延迟交房的时间长达 1 年。入住之后,又有 1 年多的时间天然气不通,只能靠电炉来煮菜。那时候的电力供应很紧张,用电炉的时候就不能用空调,这让吴亚军一家人在夏天很痛苦。不止电力、天然气等问题困扰着吴亚军,房子的设计和采光也很差,她家的客厅没有窗户,只能打开另外一间房门才能采光。电梯也常常发生故障,管电梯的师傅按照正常时间上下班,晚上回来晚了就要自己爬楼。就是从这次买房开始,吴亚军有了一个"如果有一天我做开发商的话,一定不会这么差"的梦想,由此她也认定房地产行业有很大的发展空间。

(二)创业之路

吴亚军曾专程去深圳拜访万科,向王石讨教做房地产的门道。吴亚军还会送员工到海外长住数月,参考别人的设计、学习别人的技术,吸收经验。除此之外,她拜访政府、金融界、房地产业等各行各业的高手,在交流中学习。

2004 年 10 月,吴亚军本着学习的心态,与世界 500 强的香港置地合作投资了 40 亿元,开发了国际标准的"大竹林"时尚生活社区。她一改过去的低调,10 多年来首次公开接受采访，称自己将在国际化的平台上学习如何在国际规范下做事，学会把企业做得更透明。她表示，龙湖的理想是做百年老店，与香港置地合作，长远的利益超过眼前的利益。

图 4-15 北京龙湖天街图片

2009 年 11 月 19 日，龙湖在香港联合交易有限公司(下称联交所)主板挂牌上市，吴亚军夫妇身家达到了 312 亿港元，但她对所谓的“中国女首富”的说法并不认同：“中国的土壤孕育了大量富豪，但很少产生伟大的企业……我最不愿意看到的是，一个人在富豪榜上的名次不断攀升，却没有做造福于人类、造福于社会、造福于股东、造福于员工的事。”①

2012 年起，龙湖迈入全国发展的第二阶段。对于龙湖而言，这个阶段面临的新挑战是对商业地产进行卡位，稳步增持商业地产，让租金收入成为新的利润来源，后期再通过资产证券化盘活这些沉淀的资产。和万科、万达等越来越多的房企一样，龙湖对中国房地产市场的长期发展势头持悲观的态度，因为过去的行业依靠城镇化红利、高杠杆红利而得以快速发展的现象已经不复存在。万科于 2013 年年底提出了要从住宅产品供应商转型为城市配套服务商的新定位，复星地产随后也提出了将在健康、金融、文化、旅游、物流商贸这 5 个成长型的领域内进行“蜂巢城市”实践。这些企业都在不约而同地向着更加多元化的物业投资和管理方向发展，只有龙湖坚定不移地以购物中心为主进行持有物业运营。

2012 年 8 月 15 日，吴亚军继续担任龙湖公司董事长和执行董事职务，更加专注于公司未来的发展战略。在《中国企业家》杂志的采访中，吴亚军认为：“房地产是一个光鲜而凶险的行业。没有理想和愿景，我们便无法聚合更多的人在没有路的地方走出路来。没有战略和纪律，我们会走弯路、烂路。没有管理和执行，我们是穿着夹脚的鞋走路。有 3 种人是我们的同路人：第一类人追随智慧，他们珍惜与优秀的人同行的机会，把公司当成人生的道场，不断砥砺精进，从自我的成长中获得成就感，他们

① 夏不安.吴亚军：立功路上 未敢立言[EB/OL].(2010-03-21)[2017-03-19].http://finance.sina.com.cn/leadership/crz/20100312/11207553504.shtml? from=wap.

不会太在意得失。第二类人追求好的平台，干起事来有默契。他们有资源的支持，也有更多的机会。事业虽有困难，但成功的喜悦会抵消痛苦的付出。第三种人追求一份好的工作。周围有与自己同样敬业的同仁，有能欣赏自己、看得到自己额外付出的领导，公司前景光明，按时发工资，干得好有加薪、有奖金。”[①]吴亚军身上既有传统渝商坚韧不拔、敢闯敢拼的精神，又有胜人一筹的远见与大气，加上谦卑与严谨的女性特质，龙湖在她的影响下形成了一个大气磅礴的格局。[②]

图 4-16　吴亚军(左二)在龙湖地产 2017 年度业绩发布会现场

2013 年，与龙湖同年登陆联交所的恒大地产销售额突破千亿元，此前一度与龙湖不相上下的世茂房地产也提出了 3 年冲千亿元销售额的计划。然而，龙湖 2009 年至 2011 年的销售额从 183 亿元到 383 亿元翻番增长之后，速度却慢了下来。对此，吴亚军早有察觉，她向员工表示，龙湖经历了一个“小小的‘V’形，2012 年就是‘V’的底部”。针对龙湖经历的小“V”形，吴亚军表示，若站在两三年后的时间点上来评价，这是一个漂亮的“空中转体 720 度，再加直体前滚翻”的高台跳水。龙湖的高管团队坚持正确的战略导向，在关键时刻“作了艰难但正确的决定”。吴亚军认为，这个“V”形的出现，除了是行业趋势使然以外，还有 3 个重要的因素：一是龙湖自身的发展“运势”到达了拐点；二是客观原因使然；三是龙湖自身技术操作存在一些小失误。[③]

2013 年前后，万科率先刮起了房企向互联网企业学习的热潮，用小米和阿里巴巴(微博)等公司的互联网思维来警示房地产行业存在的被颠覆的危机。对于房地产企业而言，销售端和物业管理最有可能首先受到互联网的冲击。龙湖的内部人士表示，公司已经开始梳理客户和潜在客户的数据信息，通过复盘已经销售的项目摸索数据背后的营销逻辑，以搭建基于数据驱动的营销工具。而此前龙湖一直引以为傲的

① 张涛.吴亚军：风物长宜放眼量[J].城市住宅，2014(Z1)：71-75.
② 姚欢.吴亚军：温婉女人　心有大梦[J].中国林业产业，2013(Z1)：116-117.
③ 张涛.吴亚军：风物长宜放眼量[J].城市住宅，2014(Z1)：71-75.

物业管理也正在计划更新发展思维。龙湖曾这样描述在物业管理方面的布局:不仅要坚持维护地产的品牌价值,而且还要深度挖掘社区商务和消费升级的价值增长点。“一方面,要利用新的技术提升传统物业基础服务的效率;另一方面,也要探索如何在客户满意的前提下开展多元化的增值服务。”“龙湖的风格一向是事干好了,再向客户做出承诺。”①龙湖的内部人士如是说道。

图 4-17 2019 年福布斯中国发布的《2019 最富有女性榜》上,龙湖集团董事长吴亚军以 607.5 亿元的身价位列第二

二、个人品牌定位

(一)注重细节的工作狂

吴亚军虽然本科读的是军工专业,但她对建筑、装饰等领域具有极高的天赋与造诣。要问吴亚军有何特点,龙湖的员工首先会说,“老板是个工作狂”,她享受工作的状态。就像她先生的打趣,“不工作就得死”。吴亚军认为,龙湖的细节源于专业,她非常享受与各个领域的专业人员“过招”的过程,在开会的时候跟她争论专业的问题,她会很开心。吴亚军创业至今,善于向别人学习,博采众家之长。

(二)慷慨、豪爽、大气的女领导

龙湖人更愿意称吴亚军为“吴老师”,不管在场多少人,她都能侃侃而谈。吴亚军喜欢面对面地沟通,会直接上门拜访政府官员和金融业的高人,会直接把电话打给房地产行业的记者,跟对方探讨问题、表达龙湖的感受。

(三)认真高效的执行者

吴亚军评价自己:“我就是一个做事的人。”她的理想是打造像微软、苹果那样造福于股东、员工也造福于人类的伟大企业。对于财富,吴亚军认为“那不过是纸上富

① 丁蕊.吴亚军:远虑和近忧[EB/OL].(2014-03-01)[2017-05-26].http://www.cb.com.cn/person/2014_0301/1041050_2.html.

贵”，于自己而言并不重要。[①]“用专业造人性化的房子，是自己的一个理想”，公司现在的运行能如此规范，都是因为吴亚军始终坚持着自己的理念。

三、个人品牌识别

（一）理念识别

1.卓越的经营理念

1997年前后的吴亚军，颇有“燕雀安知鸿鹄之志哉”之感。当初公司才十几个人，连项目都还没开发，她就在思考：为什么要做这个公司？成立以后能干什么呢？我发财完了就是大家发财，那大家发财完了又是什么呢？“如果我建了一堆垃圾，我发财了又怎么样呢？我想我不会开心的。这个账该怎么还？拿什么去还？”对自我进行追问之后，她在九龙湖畔写下了公司的使命：“为客户提供优质产品和服务并影响他们的行为。”到了2000年，她又加了一句：“在此过程中，成为卓越的企业并创造机会。”她创立的8条经营管理原则，如长期利益原则、客户至上原则、同路人原则等，一直沿用至今。[②]

2.主张平等的管理哲学

对于公司的管理，龙湖内部不设副职，没有秘书。吴亚军经常参加企业家的聚会，与各个行业的翘楚进行交流，但是没有定论的东西她从不向外界表露，亦很少接受媒体的采访。据新浪财经报道，在公司管理上已经深度机构化的龙湖，“企业领导者负责3年内的事情，董事长负责3—5年之后的事情”。龙湖公司内部充满了平等、融洽的气氛。平日谦和的吴亚军坚持刻意消除上司与下属之间的身份感，让员工直呼其名。她的办公室只有十几平方米，里面的陈设也很普通。龙湖商业华西一区总经理蔡勃称，“龙湖是矩阵式管理，项目总负责时间、节奏、计划、风险。技术和专业这块高地会在项目总需要的时候共享它的专业意见，然后再通过项目总的整合和平衡，共同完成项目的推进。”值得注意的是，龙湖重庆天街项目的负责人均为龙湖老员工。

---

① 张涛.吴亚军：风物长宜放眼量[J].城市住宅，2014(Z1)：71-75.

② 夏不安.吴亚军：立功路上，未敢立言[J].中国企业家，2010(15)：57-58.

比如,蔡勃和吴洋在龙湖工作的时间都在 10 年以上,其他负责人的司龄也均超过 7 年。①

3.持续均衡的发展思路

在不进则退的市场中,大多数人认为龙湖的战略稍显保守。但在吴亚军的逻辑里,“不用贵钱、不买贵地、不追求高杠杆”始终是底线。吴亚军对风险的容忍度显然低于同等规模下快速扩张企业的企业家。上市的时候,吴亚军就反复对员工说,龙湖首先追求的是活得长久,然后才是做强、做大。②

图 4-18 2016 年吴亚军参加地平线机器人公司的招聘宣讲会

4.注重回报的用人态度

龙湖北京公司的员工讲述了这样一件事。有一年,在龙湖公司的联欢会上,除了抽奖之外,上司还要抽取员工来赠送礼物。上市之后,吴亚军夫妇拿出 2.35%的限制性股权股份,分给了公司 550 名有贡献的员工,以资鼓励。她认为,是员工付出在先,所以得此回报也是应该的。

5.富有钻研精神

吴亚军认为,先要做人,再是做事。在满是男人闯荡的房地产行业,只有吴亚军这样的女人才能做出龙湖这样温馨而细腻的产品。把“善待你一生”落实到每一个细微之处,是龙湖一直秉承的理念。吴亚军认为的龙湖企业文化,其中一个便是“研究精神”。比如,为了能够让园区做到“鸟语花香”,吴亚军会和员工坐下来一起研究,探讨哪些鸟儿喜欢吃什么果实,然后种植相应的植物让鸟雀飞来。

6.坚韧不拔的毅力

前任龙湖执行董事回忆说,有一次公司晚上安排高层开会,吴亚军晚到了一会,

① 李艳艳.吴亚军步入新战场[J].中国企业家,2018(18):74-79.

② 丁蕊.吴亚军:远虑和近忧[EB/OL].(2014-03-01)[2017-05-26].http://www.cb.com.cn/person/2014_0301/1041050_2.html.

她拄着双拐进入了办公室。原来,吴亚军上午在沈阳看地,结果在现场崴了脚,但是吴亚军并没有通知大家取消会议,而是坚持回到公司继续推进工作。

(二)行为识别

1.细致入微的处事原则

广为人知的龙湖,被业内评价以细节取胜。“她会告诉你这块地的土壤适合种什么样的花草,密度多少,怎样搭配出层次,搭配什么花草树木能够既美观又实用。她甚至连用多少号的钢筋都能告诉你。”龙湖地产执行董事秦力洪对《21世纪经济报道》的记者说。吴亚军在园林、户型乃至工程方面的造诣,并不亚于各领域的专业人士。龙湖滟澜山是龙湖在北京的第一个项目,吴亚军亲自监督并跟进项目的每一个细节。样板区开放前,她将已经建好的一处景观砸掉重建。“那是社区内的水景,当初怕有小孩子掉下去,所以用栏杆围了起来。她觉得这样做反而使得水景和周围的环境无法进行融合,所以干脆全部拆掉重建。”龙湖北京公司媒体负责人孙静说。吴亚军建议把栏杆撤掉,然后改成一级一级的台阶,下到水面,这样儿童即使去戏水,也不怕掉下去,一个只能远观的水景变成了提供娱乐的地方。

时至今日,公司所有的应届毕业生、中高层管理人员的招聘,吴亚军都会亲自面试;每一块新拿的土地,她都要事先去实地考察。房地产业流传着这么一个段子:深圳万科高层林少洲有次去参观龙湖地产的样板房,脱下皮鞋换上拖鞋进屋。当他出门再穿自己的皮鞋时,发现自己的皮鞋掉了个方向,他感叹道:“龙湖地产这家企业很可怕。”

2.亲和的魅力

在龙湖公司的管理层眼里,吴亚军非常尊重别人。“这让大家做起事来很舒服,”龙湖地产执行董事秦力洪说,“吴亚军会打电话问:‘喂,兄弟,你糊涂了吧?’一点架子都没有。”“兄弟”是吴亚军经常称呼别人的一个词,使用范围很广泛,无论是高层管理人员、中层员工还是销售人员,甚至是园林里干活的工人,她都会喊一声“兄弟”。在公司里,吴亚军不会刻意标榜上司与下属的差别,她曾让员工直呼自己名字,但因大家觉得别扭而作罢;她也没有私人秘书,重要的讲话稿都是自己写。正因如此,龙湖内部的氛围非常开放。员工论坛是大家都很喜欢的网络平台,在这里,员工可以匿名发表言论，相关部门的对应上司必须实名回应。吴亚军认为，平等的关系可以让员工更好地投入工作，因此她非常强调这种平等。秦力洪认为，这种关系是相互的，龙湖的员工对公司也非常认同，在龙湖上市前，员工认购就超过了1亿元。

（三）形象识别

在生活中，吴亚军十分注意个人形象。在别人的印象里，她总是披着一头黑色的大波浪长发，化着精致的妆容，穿着套裙、踩着细高跟鞋健步如飞。

近年的吴亚军，剪去了长发，以简单利落的短发示人，在凸显干练的气场之余保留着温柔而亲切的感觉。绿城的宋卫平曾经这么说："吴亚军既有男人气魄，又有女人的细腻，我不吝啬把溢美之词送给她。"①

四、个人品牌传播

在重庆地产圈内，吴亚军被喻为"三不人物"——不签名、不上镜、不接受采访。这位女富豪行事低调，暴露在互联网上的照片甚至不超过5张，她本人也不运营微信公众号与微博账号，媒体对她"只闻其名，不见其人"。这个有着男性名字的女企业家在商场叱咤风云，传递着当代优秀女性企业家的创业精神。

---

① 佚名.她24年建千亿元房产帝国用200亿元换单身[J].现代营销(经营版),2017(12):62-63.

案例五　周群飞:蓝思科技集团董事长

图 4-19　周群飞

周群飞从做手表玻璃起家,创立了全球触控功能玻璃面板最大的供应商蓝思科技集团(以下简称蓝思科技),成为名副其实的"手机玻璃大王"。

一、品牌故事

周群飞,1970 年出生于湖南湘乡,现为中国香港永久居民,蓝思科技集团的创始人,从事玻璃制造 20 余年,掌握了一套加工、生产特种玻璃的工艺。周群飞从做手表玻璃起家,经过多年的积累和发展,成为"手机玻璃大王"。从《福布斯》的数据来看,日本至今还没有诞生白手起家的女性亿万富翁;大部分美国和欧洲的女性亿万富翁,其财富是通过继承得来的。44 岁的周群飞,她的成功定义了中国女性创业的新可能。

1970 年,周群飞出生在湖南省湘乡市壶天镇的一个小山村,在 3 个孩子中排行最小。壶天镇位于湖南省省会长沙以南,以务农为主,离长沙大约两小时路程。"在我长大的那个村子,很多女孩子无法上学。她们会订婚或是嫁人,在村里过一辈子。"她在自己的办公室里接受采访时说。在家里,她帮着养猪养鸭。猪和鸭子既能自己吃,又能卖钱。在学校,她表现突出。"她是一个刻苦、有天分的学生。"她的初中老师在接受《纽约时报》采访时说。"我有一次在班上大声念她的作文《我的妈妈》,非常感人,所有人都落泪了。"周群飞的母亲在她 5 岁时去世了,她的父亲是一名技术精湛的手艺人,后来在一起工伤事故中失去了一根手指头和大部分视力。尽管学业不差,周群飞还是在 16 岁时辍学了。

20 世纪 80 年代末期,父亲领着全家南下广东谋生。虽然她当时的梦想是成为一名时装设计师,但是最后却在深圳的一个工厂车间里找到了一份制作玻璃表镜的工作,工资约为每天1美元。她说,那里的环境非常艰苦:"我从早上8点工作到晚上12点,有时甚至会到凌晨2点。工作内容基本是手工操作,开料、切割、仿形、抛光、包装。"[①]周群飞回忆:"没有轮班,只有几十个人,都在不停地打磨玻璃。我不喜欢那份工作。"[②]3个月后,她给老板写了一封辞职信。她在信中抱怨工作时间长,而且太单调。但是,她也表达了自己对这份工作的感激,说自己想学习更多东西。这封信引起了工厂领导的注意,他告诉周群飞,工厂即将采用新流程,希望周群飞能留下来,并允以升职。接下来的3年,周群飞数度升职。[③] 老板说:"你既然不安于现状,想去创新,那我们有一个工艺要去做,但是没有人教你,愿不愿意?"周群飞欣然接受,拜托当时的工友从北京大学图书馆借来一本《精工印刷》。从此,周群飞踏上了玻璃研发之路。周群飞在《莉行观察》采访中提到:"我没有师傅,书就是我的师傅。那本书现在还一直留在我们公司,我后面带徒弟的时候,就把这本书交给他们,让他们去看。"[④]

1993年,22岁的周群飞决定自己创业。她用自己打工攒下的2万港元成立了恒生玻璃表面厂,主要业务为制作玻璃表镜,这正是蓝思科技的前身。渐渐地,周群飞在手表玻璃行业中做出了名气,她通过提供质量更高的表镜来吸引顾客。在新公司里,周群飞什么活都干。她修理和设计工厂的机械设备,还自学复杂的丝网印刷工艺和有难度的技术以改善曲面玻璃的印刷效果。"在湖南话里,我们形容她这样的女人是'霸得蛮',意思是一个人有勇气做其他人不敢做的事。"周群飞的堂姐妹周新益说。[⑤] 虽然有了名气,但周群飞也看到了公司的瓶颈:手表镜面虽然是消费品,但总体而言订单量不够大。在这个市场里,一年销售额最多也不过两三亿元,公司的拓展空间受市场限制。

---

① 杨清清.本报独家专访 蓝思科技周群飞:路还很长[EB/OL].(2016-09-19)[2019-04-18].http://www.sohu.com/a/114584420_115443.

② 黄秋霞.白手起家的周群飞:如何建立蓝思基业[EB/OL].(2015-08-05)[2019-03-11].http://hunan.ifeng.com/news/fghx/detail_2015_08/05/4191239_0.shtml.

③ BARBOZA D.纽约时报聚焦周群飞:打工妹出身的中国女富豪[EB/OL].(2015-08-03)[2019-01-24].https://www.guancha.cn/economy/2015_08_03_329146.shtml

④ 莉行观察.吴小莉对话周群飞|凤凰网湖南独家文字实录[EB/OL].(2018-03-17)[2018-08-04].http://hunan.ifeng.com/a/20180317/6439881_0.shtml.

⑤ 杨清清.本报独家专访 蓝思科技周群飞:路还很长[EB/OL].(2016-09-19)[2019-04-18].http://www.sohu.com/a/114584420_115443.

2000年开始，手机逐步兴起，周群飞有了涉足手机视窗玻璃加工、生产的机会。为了研发出令客户满意的产品，她三天三夜没有离开工厂，最终找到了最适合的加工参数。当时在整个行业内，蓝思科技第一个达到了外商跌落测试的要求。虽然测试的问题解决了，但是量产的问题出现了。此前，周群飞的工厂玻璃主要供应手表，订单量少，产品重复性高，而手机盖板都是专用定制品，且订单量很大，因此加工工艺需要重新开发。

2003年，周群飞意外地接到了来自摩托罗拉高管的电话，问她是否愿意帮助他们为其新手机 RazrV3 开发一种玻璃屏。当时，大多数手机的显示屏都是塑料材质，摩托罗拉想要一种更耐剐蹭的玻璃显示屏，让文本、图片和多媒体的呈现也更清晰。"我接到这个电话，他们说你只需要回答愿意还是不愿意。如果愿意，我们会帮你设立工艺流程。"周群飞回忆说，"我说了愿意。""在规模化生产上，周群飞的创新思维发挥得淋漓尽致。"[①]蓝思科技前任秘书长彭孟武告诉《21世纪经济报道》记者："周群飞在一个塑胶加工车间看到北京精雕的 CNC，此车间生产的是低端手机所需的亚克力材质，工艺和设备配置不符合玻璃加工。周群飞迎难而上，限令工程师3天内必须将此设备改造到可以达到她所要求的玻璃加工工艺标准，这才形成了 CNC 玻璃精雕机，也就是现在行业普及的玻璃 CNC 的前身。"摩托罗拉手机经典机型 Razr V3 的大卖，为周群飞带来了其他手机厂商的订单。[②] 此后，蓝思科技逐渐得到市场认可，不再默默无闻。诺基亚、三星等国际龙头也相继成为蓝思科技的客户。[③]

2007年，苹果携 iPhone 进入了手机市场，可以实现键盘式输入的玻璃触摸屏改写了移动设备的游戏规则。苹果选择了蓝思科技作为它的供应商，一举让周群飞的公司成为中国玻璃屏市场领域的主导者。随后，苹果推出支持多点触控功能的新产品，手机行业进入了智能时代。周群飞认识到，如果继续和苹果合作，那么蓝思科技必须继续扩张、升级，当时的深圳还没有能力做到这一点。为了考察选址，周群飞自

---

① 杨清清.本报独家专访 蓝思科技周群飞：路还很长[EB/OL].(2016-09-19)[2019-04-18].http://www.sohu.com/a/114584420_115443.

② BARBOZA D.纽约时报聚焦周群飞：打工妹出身的中国女富豪[EB/OL].(2015-08-03)[2019-01-24].https://www.guancha.cn/economy/2015_08_03_329146.shtml

③ 曹雷.蓝思科技周群飞：传奇人生，因坚持而精彩[EB/OL].(2016-10-12)[2019-07-09].http://zf.southmoney.com/interview/201610/345.html.

图 4-20 2019 年蓝思科技产品图

己背着双肩包回到了故乡湖南，最终将地址选在了浏阳。[①] 同时，周群飞还在新设备上大力投资，聘请了有经验的技术人员。为了拿到新的贷款，她不止一次把自家公寓抵押给银行。不到 5 年的时间，她的生产厂建设项目就扩展到了 3 座城市。[②]

蓝思科技现在是笔记本电脑、平板电脑和移动设备玻璃屏的领先供应商之一，为苹果 iPhone 和三星 Galaxy 等产品供应组件。2015 年，她的工厂出货逾 10 亿块玻璃屏，每一块的厚度远小于 1 毫米。周群飞在《莉行观察》的采访中对手机玻璃做了如下表述："最早的手机、手表玻璃，用的原材料跟现在大厦的建筑玻璃材料差不多，没什么创新，买回来加工一下就投入使用了。到真正用全面屏、首款智能手机的时候，我跟我们的客户康宁等共同开发，才有了后面的大猩猩玻璃，一个材质、成分、性能、功能完全不一样的环保型铝硅钢化玻璃。研发要从材料开始，手机越做越薄，结构件、电子件也要很薄才行。我们现在在向 0.2mm 的薄度挑战了。"[③]周群飞把自己掌握的知识转化成一个世界级的、价值数十亿美元的业务，成了中国向高端制造业推进的排头兵。

二、个人品牌定位

周群飞的专长在于对玻璃制作的了解。她会去一流的工厂巡视，一边观察、一边摆弄东西。她会把手伸进水盘里，确定温度是否合适，她还会跟员工解释在离子钾盐浴中加热玻璃的复杂性。当她经过一个研磨机时，她会让技术人员站到一边，然后亲

---

① 曹雷.蓝思科技周群飞：传奇人生，因坚持而精彩[EB/OL].(2016-10-12)[2019-07-09].http://zf.southmoney.com/interview/201610/345.html.

② BARBOZA D.纽约时报聚焦周群飞：打工妹出身的中国女富豪[EB/OL].(2015-08-03)[2019-01-24].https://www.guancha.cn/economy/2015_08_03_329146.shtml.

③ 莉行观察.吴小莉对话周群飞|凤凰网湖南独家文字实录[EB/OL].(2018-03-17)[2018-08-04].http://hunan.ifeng.com/a/20180317/6439881_0.shtml.

自操作一阵。“她有时会坐下来,做一些操作员的工作,看看制作过程中是否有什么不妥的地方。”蓝思科技的一位总经理詹姆斯·赵说:“这会让我处在一个非常尴尬的境地。如果有问题,她会问,‘你为什么看不到呢?’”①

周群飞的性格可静可动,无论男女都可以很好地相处。周群飞的“静”表现为,她认为适合做女性的时候是在家里,做好妻子或母亲的角色,也做好媳妇的角色;“动”则体现在她强烈的好奇心上,周群飞在《莉行观察》采访中说:“我觉得我自己会了,就不想去做了,我喜欢去做新的、和别人不一样的东西。比如说像考驾照,女孩子一般考C牌,我觉得跟别人都一样没意思,就考了个B牌。”

三、个人品牌识别

(一)理念识别

图 4-21 蓝思阳光宝贝国际幼稚园图片

周群飞对员工的关爱无微不至。公司不断建设并完善员工的休闲娱乐场所,修建了足球场、员工俱乐部、图书馆、健身房等活动场地;公司工会通过组织形式多样的文娱活动,丰富了广大职工的业余文化生活,使得员工在工作之余能获得充分的休息和娱乐,真正实现开心工作,快乐生活。《21世纪经济报道》报道,在蓝思科技一个园区的触控面板(模组)厂的通道上贴有《董事长温馨提示》,共计26则,简称“26条”。每条下面都附有联系人和电话。第一条是:“如果您站累了,请您告知管理者后到休息室或走廊凳子上休息5分钟。”②周群飞说:“我不能让我的每个员工都满意我,因为我有自己的做事方式,但是我会尽可能地去满足大部分员工的正常要求。”

为了让公司员工在安心工作的同时能够更好地照顾家庭,2018年8月,“蓝思阳

① BARBOZA D.纽约时报聚焦周群飞:打工妹出身的中国女富豪[EB/OL].(2015-08-03)[2019-01-24].https://www.guancha.cn/economy/2015_08_03_329146.shtml.

② 佚名.蓝思科技董事长周群飞:关了(深圳)一个工厂 赔偿员工两个多亿! [EB/OL].(2019-04-25)[2019-09-21].http://hunan.ifeng.com/a/20181221/7112888_0.shtml.

光宝贝国际幼稚园”开园。据蓝思科技相关负责人介绍，蓝思科技基层员工有很多来自偏远的贫困地区，该区域的外出务工者由于条件有限，只能将幼儿滞留在家。留守儿童在知识接受、能力培养、性格养成等方面普遍落后于非留守儿童，这不利于儿童的成长。蓝思科技积极与政府及教育机构协调，推进优质教育资源落户蓝思科技及所在园区，为家有儿女的蓝思员工解决后顾之忧，为下一代的成长创造更好的条件。

对于知识产权保护，周群飞在全国政协十三届一次会议科技界别小组讨论会上呼吁进一步提高专利审查效率，缩短申报时间，减少积压申请的数量。“国人的 IP 保护意识不强，你侵犯我，我也侵犯你，没有什么代价，取证也很难，维权的路更长，所以很多人宁愿选择放弃。但是专利是保护我们辛勤工作的重要支撑，这一点对于创新性企业来说尤其重要。”①

图 4-22 周群飞在全国政协十三届二次会议记者会

对于负面的信息，周群飞认为沉默就是最好的抗议。她表示，公司上市以后，遇到了一些麻烦：“第一，自己受外界的关注度高了一些，我是比较喜欢自由的人，我喜欢自己背着包坐地铁。第二，出现了一些我无法承受的网络不实流言。它不但困扰了我，而且打扰了我的家庭，尤其是伤害了我的孩子。我的女儿在美国，她看到这个新闻以后哭了几天：‘妈妈不是这样的，为什么不出来说话？’我说沉默就是最好的抗议。我儿子很小，他也说他的同学在攻击自己的妈妈。同样，我的一个创业股东还抑郁了，他觉得怎么可以把白的说成黑的？我们辛辛苦苦，从无到有，怎么可以这样侮辱我们？最后，还得我去开解他们。”②

①② 莉行观察.吴小莉对话周群飞|凤凰网湖南独家文字实录[EB/OL].(2018-03-17)[2018-08-04]. http://hunan.ifeng.com/a/20180317/6439881_0.shtml.

(二)行为识别

周群飞本人十分注重细节。蓝思科技夜以继日地开工,有7.5万名员工分布在长沙地区占地约3.2平方公里的主厂区内。首先,公司每天都要从美国的康宁和日本的旭硝子等全球生产商那里接收大量的玻璃。其次,这些玻璃要经过切割、打磨、钻孔和抛光等工序来制作出面板的透明表面。再次,玻璃面板会在锂盐浴里强化、涂布和烘干。最后,经过清洁的面板会涂上抗污渍和抗反射膜。

周群飞几乎设计、安排了工艺流程的每一步,她说这种专注于细节的态度从儿时起就有了。"我爸爸眼睛看不见,所以如果我们要把某个东西放在某个地方,就必须放在非常精确的位置,否则就会出问题。"她说,"我要求工作时要有这种关注细节的态度"。"这是个需要高精技术的行业。"全球信息提供商IHS的分析师斯通·吴表示,"如果你有一把能检查出0.5mm有多薄的尺子的话,你就会明白那样厚度的东西有多么难以制造了"①。

(三)形象识别

周群飞举止优雅,长着一张孩子脸,戴一副猫头鹰眼镜,偏爱迪奥套装。一丝不苟、要求苛刻的她曾在一次会议上命令一名总经理"坐直"②。但她也散发着温和的气息:"我有些紧张。"在面对媒体时,周群飞显然不那么自如。这或许与她素来低调又追求完美的性格有关,也或许是因为她不喜欢出现在聚光灯下。③

四、个人品牌传播

(一)个人专访增加曝光度

周群飞多次接受专访,分享个人的创业经历以及企业理念。她在《莉行观察》的采访中表示:"蓝思这个名字是我取的,有几层意思。因为当时手机还没有使用玻璃,材料都是亚克力,行业统称lens,就是镜片。后来我们要做国际品牌,我就把lens直译过来,叫蓝思。因为蓝色代表科技,思是思想者,我们做科技产品,就要善于思考、

---

①② BARBOZA D.纽约时报聚焦周群飞:打工妹出身的中国女富豪[EB/OL].(2015-08-03)[2019-01-24].https://www.guancha.cn/economy/2015_08_03_329146.shtml.

③ 杨清清.本报独家专访 蓝思科技周群飞:路还很长[EB/OL].(2016-09-19)[2019-04-18].http://www.sohu.com/a/114584420_115443.

图 4-23 2018 年周群飞接受《莉行观察》的专访

要创新。用湖南话来讲,就是“难死”,代表企业会持续经营、长寿。”①

(二)履职尽责的政协委员

2018 年 3 月 15 日,政协第十三届全国委员会第一次主席会议通过,周群飞当选为社会和法制委员会委员。2019 年 3 月,周群飞出席全国政协第十三届二次会议第二场记者会,她表示做好先进制造业,要“内外并举”:内是指企业要注重研发,企业平台要为人才培养提供契机;民营企业自身要提高对科技创新的保护意识、知识产权的保护意识,通过提升这两方面的意识来提高民营企业在行业中的话语权。外是指政府要注重教育,对外引进人才,在民营企业发展方面要给予帮助;融资平台要明朗化,实现小微企业与大型企业的无缝连接,使制造业向先进制造业转型时能够及时得到纾困。

---

① 莉行观察.吴小莉对话周群飞|凤凰网湖南独家文字实录[EB/OL].(2018-03-17)[2018-08-04]. http://hunan.ifeng.com/a/20180317/6439881_0.shtml.

（三）会议演讲扩大企业影响力

2019年1月，由深圳市深商总会、深圳市商业联合会主办，首信集团总冠名、跨越速运独家冠名的第五届深商全球大会“谋势大湾区”高峰论坛在深圳保利剧院隆重举行。深圳大学校友企业蓝思科技董事长周群飞应邀出席论坛并发表了演讲。她说：“我曾经收购了很多台湾的企业，总结它们的失败经验，发现投资失误是最主要的原因。在技术方向明朗的情况下，有几条技术路线，他们百分之百投一条路线，结果全军覆没。有了前车之鉴，蓝思科技一直跟着客户、跟着市场需求、跟着消费者观念走。”①

图4-24　周群飞出席2018年上市公司价值投资峰会

① 王玉凤.深商全球大会看点：企业表态立足大湾区整合产业链[EB/OL].(2019-01-15)[2019-07-02].https://m.yicai.com/news/100099540.html.

第五章　影视文化产业彰显中国影响力女性

案例一　赵依芳:浙江华策影视股份有限公司创始人

图 5-1　赵依芳

中国电视剧产业 20 年突出贡献出品人、中国创意产业领军人物。

一、品牌故事

赵依芳,1959 年出生,浙江东阳人,毕业于浙江传媒学院,进修杭州大学研究生,是“中国电视剧第一股”浙江华策影视股份有限公司(下称华策影视)的创始人。赵依芳已经在影视行业摸爬滚打了 30 年,几乎见证了中国影视产业从初生到成熟的曲折历程。

(一)下海创业

在投身影视行业之前,赵依芳曾担任浙江省东阳市广播电视局副局长,她也是恢复高考后浙江传媒学院的第一届新闻系毕业生。1992 年,带着想要出来看世界的想法,赵依芳毅然选择脱离体制,放弃铁饭碗,从浙江省东阳广播电视局辞职。她收拾了几件换洗衣裳便来到杭州,出任浙江华新影视公司总经理,浙江华新影视有限责任公司(下称华新影视),即华策影视的前身。

创业之初，赵依芳在莫干山路上的一家小宾馆里租了两个标准间。最初团队只有 5 个人，他们白天出去跑业务，晚上回来做文案。赵依芳在《浙商》全媒体联合推出“40 年 40 人·浙商口述史”系列报道中曾提到：“当时最大的考验在心理上。我要有求于人、重新起步，这其中的心理落差必须要一步到位地调整好。我们选择参与电视剧制作后，拍出的第一部作品是《子夜》，很多电视台都播了，反响很好，我觉得特别开心。”赵依芳靠着在体制内积累的人脉和资源，找到了商海和体制之间的契合点。

图 5-2　《子夜》海报

2003 年文化体制改革后，赵依芳在浙江省深切地体会到文化产业的改革开放之门打开了，民营影视行业开始有了发展机遇。浙江省从允许到鼓励、支持、表扬、激励，给民营影视企业创造了一个宽松的发展环境。“我们不再只停留在命题作文的题材上，而是开始思考去拍更多的与市场接轨、满足观众需求的作品。”[①]2005 年 10 月 25 日，赵依芳成立了华策影视，希望能够真正把电视剧的制作和营销变成一个能够

① 陈抗.华策影视创始人赵依芳：我人生的三个关键节点[EB/OL].(2018-08-07)[2019-04-19].https://xw.qq.com/cmsid/20180807A0GZ5G/20180807A0GZ5G00.

长期发展的事情,她要打造一个面向未来的企业。

(二)成功上市,内容为王

2005 年到 2010 年,是影视文化产业的大转型时期。2009 年,华策影视变更为股份制有限公司,2010 年上市,成为创业板的“电视剧第一股”。如今,华策影视已经成为创业板的龙头股,市值超过 200 亿元,赵依芳也因此被称为电视剧行业的“女魔头”——她旺盛的精力、铁腕的资本运作手段,让她在一个以男性为主的行业中脱颖而出。①

“上市之后,我一下子困惑了。本来我们做好内容就行了,但进入资本市场后,要考虑利润增长性、业务可持续性、企业的战略规划等比较复杂的东西,还要考虑上亿级别的投资。”上市初期,赵依芳的思路很不清楚,不知道是要做赚钱的公司还是做有内容的公司,怎样去平衡自己的愿景和上市公司的成长。“我想了很久,有一天突然想明白了,这个公司只要是我开的,就要专注做内容。华策影视能有今天的成绩,就是因为对内容的坚守,围绕内容去建构实力、做大产业、整合优质资源。”现在的华策影视定位很清楚:内容为王、产业为基、华流出海,打造中国的影视文化金名片。

图 5-3 华策影视出品的经典电影

(三)“华流出海”

赵依芳在《浙商》杂志采访中提到:“我心里一直有个‘华流出海’的梦想,我希望中国文化能够输出到全球各地。”华策影视的海外营销策略是,坚持在全世界“摆摊”,用市场化手段“走出去”。以前,海外市场完全不把中国的作品当回事;现在,文化产

① 邹玲.赵依芳 我不是“女魔头”[J].中国企业家,2015(7):85-86.

业的国际合作越来越多，在内容、剧场、资本方面互鉴互利、共享共荣。赵依芳说，只要是有温度的、能彰显我国文化的内容，都能够打动海外观众。

在“出海”方面，华策影视已经成功将1万多个小时的影视剧行销到全球180多个国家和地区，海外市场占有率达到近20%。华策影视还在全球多地设立分部，华策大家庭已经拥有了1,000多人。

赵依芳认为，文化产业领域需要继续秉持“改革开放”的意识。中国文化想要繁荣昌盛，就要和世界各国文化相交、相融、相通，让中国的文化软实力成为世界的一部分。现在，浙江已经成立了浙江影视产业国际合作区，中国民营企业可以抱团出海，在政府的支持下，共同寻找市场化的出口，推动影视产业升级。

（四）与时俱进，产业升级

在赵依芳看来，影视剧行业正处在产业颠覆变革期，头部内容的价值被严重低估。面对内容行业的转型变化，赵依芳更多看到的还是机会。她说，文化产业会有许多创造性的东西，而这些恰恰就是未来的不确定性所在：“我们发展也不算慢，每天往前走一点，未来空间还是很大的。华策影视发力的目标就是在跑马圈地的阶段尽可能地巩固我们在全娱乐头部内容领域的优势地位。”企业要发展，最重要的还是团队。现在，华策影视有30多个影视创作工作室和子公司，2016年的天猫双十一晚会，就是由华策影视引入的新综艺团队进行操盘的。

时代变了，从过去的“需求时代”变成了“用户时代”和“喜好时代”。改革开放极大地丰富了老百姓的文化和娱乐生活，文化产业因此经历了从无到有，从有到逐步壮大的过程：题材和渠道日渐多元化；无屏时代走向有屏、多屏，最后又回到了无屏时代——屏幕无处不在，随时随地满足用户需求；影视文化的内容形态从“几乎没有”发展为现在的“非常丰富”。为此，赵依芳甚至还去研究了小米的“粉丝经济”模式。但要分清楚“黄太吉卖的是煎饼果子、马佳佳做的是电商”，对于已经56岁的赵依芳来说并不容易，所以她选择“相信年轻人”：“我们公司有很多80后、90后，甚至95后。”赵依芳坚信年轻人对于文化趋势的判断。①

截至2018年，华策影视有上海克顿文化传媒有限公司、浙江金球影业有限公司、

---

①　邹玲.赵依芳　我不是“女魔头”[J].中国企业家,2015(7):85-86.

浙江金溪影视有限公司等30多家参控子公司，是目前国内规模最大、实力最强的民营影视企业之一。根据华策影视2018年年度报告，公司营业收入按产品划分，可分为全网剧销售、电影销售、综艺、经纪业务、广告、影院票务、音乐和其他等八大板块。

图5-4　赵依芳(右一)在全球木兰论坛暨2018(第十届)中国商界木兰年会上获奖

同年，影视行业进入了下行周期，在规模大、力度强的调整期，监管层在限制特定题材、治理天价片酬、规范税收秩序、统一网台审核标准等多维度持续加强监管，影视行业仿佛一夜之间进入了寒冬。一位接近华策影视的人士表示，影视上市公司普遍存在现金流问题，一方面是由于融资环境，另一方面也在于成本价格，华策影视在2018年重金投入的一些剧集收益并不理想。根据相关资料显示，实际上，华策影视2018年电视剧收入与2017年基本持平，尤其是包括《天盛长歌》《橙红年代》《亲爱的，热爱的》《平凡的荣耀》《三生三世宸汐缘》在内的收入排在前五的作品，总共创造了33亿元的销售收入。但华策电视剧2018年业务毛利率从88%降到了77%，仅毛利一项就减少了4亿元，扣非净利润直接由5.6亿元下降至1.2亿元；而在2019年上半年，毛利率已经下降至71%，利润亏损1.1亿元，同比下降141%。

对于突如其来的变革，华策影视表示，政策规范和行业秩序已经明确。因为公司的前期投入成本高，播出价格相对理性，所以导致利润空间受到较大影响，毛利率下降。当产业链上下游价格回归后，新开机版权剧项目的毛利率将趋于稳定。影视行业规范的加强，让产业链重塑并紧密推进，华策影视必须做好应对准备。

二、个人品牌定位

(一)谦虚积极的人生观

赵依芳认为："人一生就3万多天，每个人过得都不一样。一定要找到自己的人生坐标，前行才会有动力。"在影视行业摸爬滚打多年，她有了诸如"电视剧女王""爆款专业户”等多个称号,但她的初心始终是做自己想做的事情。在微信朋友圈里,她也像一个普通的母亲一样,经常给女儿转发一些“心灵鸡汤”。“我不是女强人,”赵依芳对《中国企业家》记者说,“我也非常佩服董明珠这样的女企业家,有时候感觉人家怎么就那么有魄力,但你学是学不来的,你只能成为自己。”

(二)敏锐的企业家

今年56岁的赵依芳,身为“中国电视剧第一股”华策影视的创始人,始终跟政治保持着适当的距离。“只有市场的力量才能真正把企业做大。”这是赵依芳多年驰骋商场的信条。据《中国企业家》杂志报道,赵依芳对体制并不陌生,“同事、朋友也都还在原来的岗位上工作,所以很多政策法规何时制定、出台什么文件,我们比其他人更敏锐”。十九大报告出来的时候,赵依芳正在戛纳参加戛纳秋季电视节,尽管有时差,她还是第一时间在手机上看了报告发布的视频。回国以后,她又组织高管学习研究。对她来说,这份报告不仅是华策影视的战略纲要,而且是自己的“人生宝典”。作为一家民营影视公司的总裁,赵依芳身上有着很多体制内的烙印,在很多场合里,她演讲的内容和方式更让人加深了这种印象。赵依芳反倒认为,这是华策影视鲜明的基因,从某种程度上来说,也正是因为对趋势和政策的高度敏感,才让华策影视几次都踩准了节点,顺利发展。

(三)砥砺传承的领路人

从最初宾馆里创业的5个人,到今天坐拥1,000多人,赵依芳说:“做传媒、做影视不仅能挑战创造力,而且能让我们团队生产快乐。在这个过程中,大家不断释放能量、自我突破,这才是最触动我的。”①“我应该逐渐退下来,给年轻人更多机会。我们处在巨大的社会转型期,全民创业的热情会打破固有的阶层分化,让一些老家伙退出去。”赵依芳现在在全力“做多”和“下注”年轻人,她透露,在未来,华策影视可能会设立一个创业基金去扶持有志于在影视行业创业的年轻人。

三、个人品牌识别

(一)理念识别

赵依芳有时候开玩笑称,在华策影视要想做一部不成功的电视剧挺难的。“我们

---

① 李佳.赵依芳:不仅仅是爆款专业户[J].中国企业家,2017(7):36-37.

已经有了一套自己的精品剧‘质造’方法论，建立了完整的数字化工业体系，‘优生优育’。”“优生”就是从研发题材开始严把关，标准是五性——思想性、艺术性、观赏性、政治性、市场性；“优育”靠的是赋能体系——华策影视建立了大数据研发中心、创意中心、评估中心、营销中心、制作管理中心等一整套综合体系，300 多人的团队从立项开始层层打分，从几百个项目中进行挑选，在制作过程中及时调整，充分了解观众审美，精准把控流程。赵依芳认为，要想做精品剧，强大的资源整合能力、高度工业化的制作和管控体系、成熟的数字化工业体系，缺一不可。

在赵依芳的理解中，传媒的本质是传播，核心是去抓取时代的主流价值体系，这是文化的价值、国家的灵魂所在。“真正的精品影视都是体现主流价值观的，大家喜欢正能量、体现家国情怀的内容。好的文化产品要解决痛点，给社会带来温暖和美好的体验。”

（二）行为识别

凭借之前积累的人脉资源和对市场的高敏感度，1995 年，赵依芳带领华新影视公司投资几百万元，拍摄了第一部电视剧《子夜》。2005 年，赵依芳创立华策影视，于 2010 年带领公司登陆创业板，成为中国“电视剧第一股”。

依靠电视剧起家的华策影视，其企业发展并不只满足于一个业务板块。赵依芳希望能打造一个平台型公司，除了内容和渠道之外，艺人经纪、旅游、社交、电商都是未来可以发展的衍生产业。华策影视的海外营销策略是坚持在全世界“摆摊”，用市场化手段“走出去”。

在互联网时代，内容可以在互联网上产生很大的传播效应。利用互联网工具，

图 5-5　2018 年华策影视制作的电视剧作品

华策影视已经打造出“互联网时代文化＋产业”的新生态，对新媒体运营、影视教育、文化旅游、广告植入、IP运营等领域都有所涉及，扩大了优质内容的“乘数效应”，如《三生三世十里桃花》《亲爱的翻译官》《楚乔传》等作品收获了无数观众的好评。

（三）形象识别

赵依芳认为自己并不强势。她总是笑意盈盈，说话带着浙江人特有的吴侬软语。“可能因为我是浙江人，性格本身就比较柔。”她凭借专注和女人特有的亲和力，在电视剧圈子里广结人缘。

四、个人品牌传播

（一）影视作品吸引更多受众

紧跟主旋律是赵依芳打造精品剧的原则，在此基础上创造出来的作品收获了无数观众的好评。她认为，随着互联网的发展，内容也开始分层，男性和女性、不同年龄、不同背景，都有自己的圈层，根据对不同圈层的观察去定制、研发一些针对性比较强的题材，做到关注自己的时代，关注自己的受众、关注自己的产品、关注自己的团队，要保持与受众对话的能力和敏感度，从受众的需求出发去抓住和挖掘受众的喜好和内心，只有这样才能创作出有价值的作品，服务好细分的圈层领域。①

（二）专访内容表达产业视角

赵依芳在新国剧访谈录的专访中表达了自己对于文化事业的看法，她认为：“十八大以来，党和国家对于这个时代的文化产业和文艺事业提出了更高的要求，我们与目标之间仍存在差异。为了实现社会主义现代化的强国梦，文化产业和文艺事业必须要加倍奋斗。”

（三）论坛演讲传递女性力量

赵依芳出席由《中国企业家》杂志社、木兰汇公益基金会联合主办的“全球木兰论坛暨2019（第十一届）中国商界木兰年会”并发言，她用爱，用最具女性特质的一种情

---

① 珞小婺.[新国剧访谈录]赵依芳：纯为赚钱不要来影视行业[EB/OL].(2019-07-09)[2019-11-23].https://ent.sina.com.cn/v/m/2019-07-09/doc-ihytcitm0752750.shtml.

感、理念和精神，讲述了创办公司的一些体会，比如要对影视行业赋予时代的爱，同时爱受众、爱产品、爱团队等。

图 5-6　赵依芳在全球木兰论坛暨 2019(第十一届)中国商界木兰年会上发言

案例二　杨澜:阳光媒体集团控股有限公司的创始人

图 5-7　杨澜

中国著名电视节目主持人、媒体人、传媒企业家、慈善家。任阳光媒体集团控股有限公司(下称阳光集团)和阳光文化基金会的主席和联合创始人。

一、品牌故事

杨澜,1968 年出生于北京,1990 年毕业于北京外国语大学。本科毕业后,因主持综艺节目《正大综艺》而为全中国观众所家喻户晓,并于 1994 年荣获中国首届主持人"金话筒"奖。据《企业观察家》杂志报道,杨澜做传媒帝国的雄心一路高涨,她将阳光集团打造成了一个"容纳多种传媒结构,净资产达 25 亿港元且负债为零的传媒投资组合"。阳光集团旗下的业务涉及电视、新媒体、出版、教育、广告、运动等 6 个领域,直接、间接拥有 30 多家媒体资讯公司的股权,掌握了 9 个国家的 60 多个媒体品牌。

(一)智慧、优雅的主持人生

1990 年 2 月,中央电视台《正大综艺》节目在全国范围内招聘主持人。杨澜以其自然清新、镇定大方的台风和出众的才气在选拔中脱颖而出。但是,由于她长得不是太漂亮,在第 6 次试镜时还只是在"被考虑范围之列"。据四川新闻网报道,杨澜知道后,就反问导演:"是不是女主持人一出场就是给男主持人做陪衬的?其实女性也可以很有头脑,所以如果能够有这个机会的话,我希望做一个聪明的主持人。""我不是很漂亮,但我很有气质。"杨澜这番话打动了导演,所以大学毕业后,杨澜正式成为《正大综艺》的节目主持人。直到现在,杨澜也一直坚持"主持人不一定非得漂亮,女人的头脑更重要"这个观点。"有头脑"是杨澜最大的特点,这个特点使杨澜在事业上一路顺风顺水,赢得了观众的喜爱,也成为她在后期开办企业时的一大助力。

1994 年,杨澜赴美国留学,进入哥伦比亚大学国际传媒专业就读并获硕士学位。在此期间,杨澜与美国哥伦比亚广播公司共同创作的纪录片,曾在全美电视网黄金档期播出,因此,她也以亚洲著名女主持人的身份,获得了广泛的国际知名度。美国留学带给她诸多好处,比如开阔了视野,也让她接触了许多成功的传媒人和先进的传媒理念。在这里,她有幸与自己的先生吴征相识,也正是在吴征的帮助下,杨澜进一步开拓了人际网络和事业空间。1996 年,杨澜从美国哥伦比亚大学学成回国。当时,美国几大电视网都希望杨澜成为自己的出镜记者,"但我觉得,这和我想做的事情还有一段距离。我对自己的职业定位就是文化行业,这和 IT、商业、金融、工业都完全不同"①。

1997 年,杨澜生孩子、带孩子,一整年都没有工作。1998 年,她剪短了头发,去了凤凰卫视,开始做《杨澜工作室》。杨澜大学主修英语,辅修国际经济,但是对历史的爱好是从中学就开始的。她喜欢苏东坡、罗斯福和丘吉尔,很早就看过尼克松写的《领导者》,也看过法拉奇的《世界风云人物访谈录》。高考的时候,她曾经最想报的就是历史系,这些都潜移默化地对杨澜的职业理想产生了影响。《杨澜工作室》成立后,采访的第一个人物就是王光美。无论是节目还是人生层面,王光美都是一个对杨澜产生了极大震撼的女人。通过做她这期节目,杨澜真正确立了一点——做节目是为了记录人和时代的关系,她希望以采访人物的方式来记录历史。历史、人物、时代,杨澜的文化理想越来越清晰,这份兴趣与理想是她做阳光卫视的初衷。

据《企业观察家》杂志报道,在选题策划方面,杨澜自己做选题,负责预算,当主持人,学会了独立制作节目;在栏目内容上,她先后采访了 120 多位重量级名人,事实也证明,这些人后来为杨澜的职业发展起了重要的支撑作用,不少人一直和她保持着密切的合作关系。作为传媒人,杨澜直到此时才真正迎来了自己的事业高峰。由于具备了国际视野且整天与商界精英打交道,杨澜已经深嗅到了资本与产业相结合的发酵味。

(二)创业有收获和成就

1999 年 10 月,她辞去凤凰卫视的工作,与丈夫吴征联合创办了阳光文化影视公

---

① 雷晓宇.杨澜:我所经历的失败和艰辛[J].新闻天地(上半月),2011(5):70-71.

司,于2000年3月收购良记集团,更名为阳光文化网络电视控股有限公司,成功借壳上市。同年,杨澜创办了阳光卫视,制作和播出以纪录片为主的电视节目。“我觉得中国需要一个有文化感和价值感的电视平台。我想到了,就去做了。”阳光卫视依托“杨澜效应”,通过跨媒体合作,成功塑造了自己的品牌形象。

阳光卫视的栏目走高雅脱俗的路线,节目内容极具教育性与知识性,其宗旨为弘扬中华文化。如由杨澜亲自主持的访谈类节目《杨澜访谈录》,它不同于国内的其他访谈类节目,这档节目重点突出人文和国际化特色,杨澜通过与世界各地的知名人士进行广泛探讨,以关注人的性格特征、发表独到见解为特色,在历史的深度和广度上表现个体与社会的相互作用,让人类智慧的光芒折射出特有的历史瞬间和社会背景。阳光卫视还有一些特色节目,如《百年婚恋》《千年回望》等,都各具风格。杨澜认为,节目只有形成独特的品牌,才有利于被更多的观众接受,从而直接提高收入。

2001年1月,阳光卫视开始为台湾新知频道提供节目,其总播放的时间占到一半以上,台湾观众可在77频道欣赏阳光卫视的节目。此频道覆盖整个台湾400万户家庭约10,00万人口的电视观众。至此,阳光卫视形成了跨内地、香港、澳门、台湾的全面覆盖网。

2000年10月,阳光集团被世界权威财经杂志《福布斯》评选为全球300家最佳小型公司之一,因“2001年表现出众”而被誉为“未来之星”。这标志着中文电视主题频道的运行模式已获得国际商界的认同,这是中文电视史上的一项重要成就。

(三)也有失败与艰辛

不同于大多电视节目内容,阳光卫视的节目有追求“精英文化”这一鲜明特色,所以其内容定位也决定了观众的单一化。专业频道要想提高收视率,就只能跟紧大众的步伐。这一点,从阳光卫视的改革中便可见一斑。阳光卫视曲高和寡,收视率一直低迷,为了改变现状,2002年11月4日,阳光卫视宣布正式进行节目扩版,原本定位于高知识收视人群的纪录片频道被扩展为多元化频道。

杨澜是做内容出身的,她不懂做渠道,也没有设想出系统的商业链。她认为做企业的出发点就是做内容,然后为了这个内容来匹配一个相应的运作机制。据《新闻天地》杂志报道:“这有点像想喝杯牛奶就自己养头奶牛的意思。因为市场上没有卖这杯牛奶的,你就必须自己养牛。当然了,我这是有点难为自己。我大学学过国际经济，但这和真正做企业完全是两回事。我为了养这头奶牛，做了自己不完全喜欢、起码是不完全热爱的事情。”中国不像美国，美国的传媒系统已经非常完善，每个人只要做自己最擅长的工作就可以了。但20世纪末，中国传媒才刚从过去的僵化体制中解放出来，它需要补充很多鲜活的机制，慢慢运作，才可能形成市场，才可能有个体的创造。

“最初创建阳光卫视，我就没做好商业判断上的准备。一开始我就按照整个电视台的建制，在香港做了很大的、耗资数千万元的电视制作中心。我们做了大量的原创节目，每年播出几百个小时，其实这是不符合市场规律的。纪录片是一个小众市场，又处于一个境外卫视不能够完全落地的现状，我当时应该更多地以采购节目为主，减少制作成本，尽量不要做这么多的原创和这么大的制作中心。前后有5年的时间，我很累。现在看来，这个公司一开始在资本运作上也存在问题。那几年，我哭过很多次。吴征他是知道我的，我有这份文化理想。”杨澜对记者说。

严格来说，杨澜的志趣和特长都不在商业。虽然她和吴征经营的传媒实体很多，但是一直是靠资本运作来产生收益，以此促进资产的迅速扩张。这导致的结果就是，尽管杨澜一直努力做着自己喜欢的文化节目，但她的文化产业发展却并非一帆风顺。她开始反思自身的职业定位：“最后说服我放弃的还是吴征。他说，文化理想可以有很多种实现方式，但是在这样一个环境下，你的商业模型又出了问题，出于对投资人利益的考虑，你也应该学会放弃。我一开始不愿意面对和承认，反反复复长达3年之久。我也跟他吵过架，埋怨他做出了错误的商业决策。”吴征还告诉杨澜：“你是一个理想主义者，但是你现在必须要变成一个现实主义者，你要考虑这个问题，你退出就是对这个事业、投资者和现有平台一个最好的、负责任的方式。”①

2005年7月，经过反复思索和认真抉择之后，杨澜向社会宣布，将自己与吴征共同持有的阳光集团51%的权益无偿捐献给社会，在香港成立非营利机构阳光文化基金会；与此同时，她辞去了包括阳光媒体投资董事会主席在内所有相关的管理职务。② 这个重大举措意味着，杨澜5年的商业生涯从此有了一个重大调整，她将腾出

---

① 雷晓宇.杨澜：我所经历的失败和艰辛[J].新闻天地(上半月)，2011(05)：70-71.

② 赵丹丹.杨澜改变工作重点 已辞去阳光文化董事会主席[EB/OL].(2004-07-21)[2020-03-18].http://news.cri.cn/gb/4221/2004/07/21/108@239425.html.

更多的精力从事她喜欢并擅长的文化电视节目的制作，也可以积极投身环保、教育等社会公益事业。从此，阳光集团的业务重点，从一个平台运营商转变成了一个内容提供商。

（四）找准媒体与商业的契合点

对于公司来说，这次失败也是一次完成战略转型和业务调整的机遇。阳光集团过去是一个平台运营商，在阳光卫视出售以后，它就变成了一个内容提供商。杨澜在这之后慢慢看清了媒体市场的走向：在整合媒体的时代，单一的媒体平台是不能够满足市场需求的。无论是品牌的推广还是商业的合作，都需要整合媒体、全方位运营。杨澜在雷晓宇的采访中说："整合现在变成一个很时髦的观点了，应该说我在2005年的时候就很清晰地看到这是一个发展趋势，而且正因为我没有可以经营的平台，所以整合变成了唯一的商业出路。现在看来，这种预见还是正确的。"

图5-8　2019年杨澜《一问一世界》读者见面会

2005年，杨澜担任《天下女人》的制片与主持人。2006年，该节目的全国平均收视率达0.67%。随后，借助申奥大使的身份，杨澜推出了大型奥运征歌节目《唱响奥运》。她凭借自己的智慧和经验，终于找到了公司准确的市场定位。2009年3月8日，杨澜作为出品人，创立了都市女性网络社区"天女网"。2010年，杨澜与加拿大女歌手席琳·迪翁联手创办了国内首家高端定制珠宝品牌LAN珠宝，担任创意指导。2011年和2013年，她先后出版《一问一世界》和《幸福要回答》两本个人传记性作品。在书中，她这样描述了对自己的定位："每个人各有各的风采，都可以活出自己，我就做我自己。我的喜好、我的为人,骨子里的东西从来都没有改变过。我的企业我自己说了算,我的节目我自己说了算,我没必要按别人的需求来塑造我自己。"至此,以杨澜个人形象为中心的传媒品牌体系就建成了。

二、个人品牌定位

在决定进军商界前,杨澜就已经在传媒行业积累了多年工作的经验、享誉全球的知名度以及重量级的人脉资源。这些优势让杨澜对电视台从上到下的运作流程了然于心,对于成立自己的电视台来说,是得天独厚的专长与优势。同时,杨澜的文化理想越来越清晰,她认为,一个人可以什么都没有,但绝不可以没有头脑。杨澜人生历程中所经历的每一件事情,都印证了这一句话,而这也成为其精彩人生的一个核心。

三、个人品牌识别

(一)理念识别

杨澜是一个不承认失败的人,她今日的成就主要是凭借自己不服输的执着和勇气。有人说,一路走来,虽然磕磕绊绊,但依然傲然挺立、乐此不疲,才是真正的人生。杨澜更是直言不讳:"其实人生的乐趣也是如此,你永远不会知道自己究竟成功与否,享受过程才最重要。"

提及女性,杨澜在《人物周刊》采访中说到,一个女性的魅力来自一种母性的特质——包容、关切、温情。女人要让人觉得可亲,就要知道人生的缺憾、人性的弱点是不可避免的。最有魅力的女性就是懂得宽恕的女性。杨澜希望女性是独立的,她说:"女人永远不要把男人和周围的环境当作敌人,最重要的事应该是寻求内心的成长。会生活的女人会对自己的成长负责,能把自己管理好。"

提及经商之道,杨澜对《现代营销》(学苑版)的记者侃侃而谈:"经商很锻炼人的智慧。我对公司进行扁平式管理,而不是像金字塔式的管理那样一级向一级汇报。各部门都有相对的独立性,只要结果能达到他们的既定目标,就 OK,就可以拿奖金。有人说,战士和商人不同,战士坚守阵地,直到流尽最后一滴血;而商人就像置身于一个舞厅,随时要想到出口在哪里。而我在商场就像战士一样坚持着。"

（二）行为识别

图 5-9　2019 年杨澜在北京外国语大学演讲

留学归来后，杨澜相继和东方卫视、凤凰卫视、湖南卫视合作，主持了《杨澜视线》《杨澜访谈录》《天下女人》等节目。这些东家的变化也让她从主持人转变为独立的电视制片人。她制作的节目内容也从娱乐节目、高端访谈转变为探讨女性成长的大型脱口秀节目。这些节目不仅让她充分展示了自己，而且让她与来自不同行业的人建立起了广泛的联系，这些都成了她事业发展的坚强基石。

目前，阳光集团的业务涵盖了三大板块：一个是以《杨澜访谈录》品牌为核心的精英阶层影响力社区；一个是以《天下女人》品牌为核心的都市白领女性影响力社区；还有一个是承接地方城市大型活动和演唱会的制作，把城市文化推广和背后的立体宣传作为一种服务性产品提供出来。杨澜还发展实体珠宝店、网络影视剧平台、信用卡开发等关联业务。

（三）形象识别

杨澜是优质女性的典范，她美丽、智慧、优雅、知性。干练的短发和得体的着装彰显着她的气质，成功的事业是她的"标签"。杨澜展现出来的，是她身上所具备的成功者的素质，如睿智、努力、刻苦、敬业等，这些素质使杨澜的形象变得丰富而立体。

四、个人品牌传播

（一）整合营销增加媒体曝光度

与大多数商人的低调不同，杨澜选择始终站在阳光卫视的前面。提到杨澜的个人品牌传播，首先想到的应是杨澜的媒体人身份。可以说，阳光卫视是杨澜个人品牌的传播渠道之一。在报纸、杂志、网站上，经常可以看到关于杨澜的报道。她从一个做传媒的人变成了一个传媒名人，这种对传媒资源运用的驾轻就熟，使得她的阳光卫视一出生就拥有了许多优势。不可否认，名人的名字在某种情况下就类似于商品的知名度，具有巨大的价值和潜力。从操作上看，她出面成立阳光集团，本身就具有极强的号召力和认可度，合作的股东和股民信任她、看好她，所以股票涨了，事做成了。从大局观来看，这是对杨澜在中央电视台从业以来的一次阶段性的检阅和考验，而她通过了这个“考核”，所以，杨澜转型成功了。

表 5-1　杨澜个人作品总结

个人作品	时间	名称	备注
主持节目	2013 年	天下女人	
	2016 年	风云际会——G20 杨澜访谈录	
	2017 年	杨澜访谈录	
	2018 年	你好！生活家	
		匠心传奇	
	2019 年	诗中国	
		湖南卫视春晚	
		2019 湖南华人春晚	
书籍	2013 年	《幸福要回答》	个人传记
	2015 年	《杨澜访谈录之崛起》	访谈集
	2016 年	《世界很大，幸好有你》	散文
电子杂志	2005 年	《澜 Lan》	
	2006 年	《天下女人 Her Village》	
参演电影	2013 年	致我们终将逝去的青春	饰演节目主持人

（本表系作者根据网络资料整理所得）

（二）多元活动提升社会美誉度

杨澜的身份很多元，如果要她自己排序，她最为看重的除了做主持人之外，就是做公益人了。如今，她有超过三分之一的时间都用在了管理她发起的阳光文化基金会上，她对于每个项目细节的了解和表现出来的专业程度往往令业内同行惊讶。有人开玩笑地说，“杨澜的专业水平已经完全可以做公益项目经理了”①。

① 腾讯公益.杨澜：专业性是公益的生命[EB/OL].(2013-05-30)[2019-06-22].https://gongyi.qq.com/a/20130530/020059_all.htm.

表 5-2　杨澜参与社会活动总结

时间	社会活动
2001 年	北京申奥形象大使
2005 年	中国无偿献血形象大使
2007 年 9 月 6 日	为幸福工程①录制主题曲《牵着你的手》
2010 年 4 月	担任联合国儿童基金会首位中国形象大使
2011 年 9 月	国际特殊奥林匹克全球形象大使
2012 年 10 月	美国林肯中心中国顾问委员会主席
2012 年 3 月	应团中央青年志愿者工作部、中国青年志愿者协会秘书处邀请，前往北京市西城区兴华小学和丰台区蓝天丰苑小学打工子弟学校参加共青团关爱进城务工子女志愿服务活动
2013 年	担任中国慈善联合会副会长
2016 年 6 月	出席一年一度的国际特殊奥林匹克慈善晚宴
2019 年 9 月	和网易科技联合推出特别访谈节目——《致前行者》

（本表系作者根据网络信息整理所得）

（三）新媒体传播丰富受众认知渠道

新媒体传播是杨澜个人品牌的第 3 种传播方式，杨澜本人的微博粉丝量为 4,045 万人，阅读人数大于 10 万人，互动数在 800 人左右，其发布的内容多为《杨澜访谈录》的转载、个人参与的活动或是《天下女人》研习社 App 的宣传。同时，《杨澜访谈录》的官方微博也不定期发布节目动态、预告片等内容。名为“杨澜说”的微信公众号共有 63 篇原创文章，发布的时间并不固定，内容大多为节目、App 的宣传，阅读量大约在 1.7 万次左右。公众号下方设置了“杨”“澜”“说”栏目，其中有“澜 FM”“一起公益”“天下女人”等板块。

图 5-10　杨澜个人散文随笔作品截图

① 幸福工程是一项由中国人口福利基金会发起，以救助贫困母亲为主旨的社会公益活动。

案例三 陈岩:分众传媒首席战略官兼首席信息官

图 5-11 陈岩

中国户外广告领域的领军人物,对于广告学界和业界的发展有着深远的影响。

一、品牌故事

陈岩,获南开大学经济学硕士学位。1986年至2000年期间,相继在青岛劳动局负责劳动仲裁、在外资企业负责营销和大客户管理等。2000年,陈岩担任实力传播集团的户外媒体副总经理,创建了实力传播集团的户外媒体部,为广告客户提供了全方位的户外媒体服务,包括户外媒体策划、媒体购买和售后服务,创立了规范的工作流程和高标准的服务品质。陈岩发表了众多研究户外媒体和中国户外媒体市场的学术报告,其观点被国内外媒体多次引用。

在陈岩加入实力传播集团之前,户外媒体的运作依旧像手工作坊一样——无论是找媒体谈价格、购买还是发布,都是一个人完成。陈岩对记者说:“媒体其实是大行业,每个专业领域,如谈判、购买、策划,都是一个专业,一个人横跨那么多专业,就会事事做,做不精。”所以,当陈岩加入实力传播集团时,就立刻大刀阔斧地整改:“谈判由谈判组负责,策划由策划组负责,购买由购买组负责,后续的合同管理、付款由专门的部门去负责。”陈岩的到来,让手工作坊式的户外媒体运营变成了工业化大生产的流水线运作,极大地提高了生产率,也为户外广告领域展示了一种新的运作方式。

2003年,陈岩组织实力传播集团,携手中国两大调研公司、六大户外媒体商在国内开展了首次“户外媒体效果调研”活动,共同探究户外广告、户外媒体的本质与效果衡量,这是中国媒介历史上首次公开解析户外广告效果衡量的调研活动,因而本次调研被评为当年“中国户外广告市场十大事件”之一。陈岩在户外媒体专业方面不断深研,每年都会撰写户外行业分析,总结其规律性,她的文章及观点被 *Media*、《国际广告》和《中国经营报》等业内著名的报纸、杂志纷纷刊载和引用，亦被《中国户外广告年鉴》收录。

图 5-12　分众传媒电梯广告

2005 年，陈岩受江南春邀请，加入了新成立两年的分众传媒，任首席战略官，全面负责集团的发展战略。陈岩到分众传媒报道的时候，很多人大吃一惊。因为陈岩当时负责全球最大的国际广告公司阳狮集团旗下的实力传播集团中国区户外媒体部门，手里掌管着 100 多位客户和 20 多亿元的媒介购买额。从一家国际大公司进入刚成立两年的新媒体公司，对陈岩来说无疑是一个巨大的挑战。那时候的 4A 公司处在行业链上游，掌握着行业最先进的专业知识和资源。因此，当江南春力邀陈岩加盟时，出于对行业发展的预判以及被江南春这位超级创业者的热情、人格魅力所感染，冷静思考后，陈岩加入了分众传媒。“其实，我并不是一个特别爱冒险的人。进入分众传媒，是因为江南春先生，当我还在实力传播集团的时候我们就是合作伙伴了。”当分众传媒这样一个新的媒体公司出现时，陈岩并不了解它。陈岩不是一个非常主动的人，不会给自己确立什么目标，可是一旦人生被推到某一阶段的时候，她会接受不同的挑战。

2015 年,分众传媒的业务已经达到了接近 100 亿元的营业额。移动互联网的迅速发展,让分众传媒又看到了新的需求点。移动互联网信息过载,资讯模式碎片化,分众传媒的价值反而被凸显,因为当用户没有选择的时候,广告主便是最好的选择。除了不断巩固原有的广告业务之外,分众传媒还加大了在体育和娱乐领域的投资,进入电视综艺内容的制作发行,电影制作的宣传发行,体育节目的制作发行、赛事运营和互联网体育社交等领域。未来的分众传媒是“双轮驱动”,一边是参与制作文化事业的分众传媒,一边是投放媒体广告平台的分众传媒。①

2016 年,陈岩接受《健康与美容》杂志采访时谈道:“我其实是一个对职业没有太大规划的人,只期望扎实走好每一步。”小时候,陈岩的梦想是做医生,仅仅是因为自己太体弱多病,觉得治病救人是特别美好的职业;长大念书时,她却念了法律系,专修劳动法,所以才会进入青岛市劳动局。她也从来没有想过自己会成为一个媒体人。“小时候,中国人还不知道媒体人是什么,后来中国人不知道国际化的广告公司是干什么的,什么是品牌媒介策略。”“我一直以来的信念是,无论做什么工作都要一步一步、踏踏实实。好高骛远、急功近利是万万不可的。没有扎实的基础,哪里来的三级跳呢?机会永远只为有准备的人存在。”

2017 年,分众传媒基本上完成了北上广深一线城市的屏幕升级,新一代的屏幕实现了跨屏互动,上下屏幕广告既可独立播放也可联动播放,静态和动态画面同步的效果使广告整体更具创意性。同年,陈岩成为分众传媒合伙人之一。

2018 年 6 月底,分众传媒正式宣布了一项重要的人事任命:经公司管理层研究决定,任命集团首席战略官陈岩女士兼任集团首席信息官,领导分众传媒实施集团数字化转型,围绕数字化运营模式和技术进行创新,提供市场解决方案,实现把分众传媒打造成一家由数据与智能技术驱动的全球最大的基于生活场景的智能媒体平台。陈岩开始全面负责企业的发展战略、产品及定价策略、大数据系统研发、IT 研发、媒介策划、媒体专业研究、媒介策划工作系统研发、员工培训、政府关系维护等工作,致力于让分众传媒通过技术创新和人工智能大数据整合,建立一个成熟、稳定、可迭代

---

① 雷建平.分众传媒 CEO 江南春:要通过投资并购,在影视体育领域再造一个分众[EB/OL].(2016-06-02)[2019-08-04].http://www.tech.qq.com/a/20160602/006271.htm.

的智能大数据生态体系。

从2005年到2019年，陈岩加入分众传媒已经有14个年头了，分众传媒也从一个业绩只有2亿元的新创业公司成为营业额超百亿元的上市公司，成长为中国第二大媒体集团。陈岩认为，"世界上没有人会随随便便成功，没有付出，就一定不会成功。比如说我，经历了职业上换不同跑道的那3个阶段，现在让我去管理任何部门我都会觉得很轻松"。陈岩在加入分众传媒时曾说："作为媒体领域的专家，我对这个行业的深刻理解，对各个媒体的了解，塑造品牌的专业方法，对人和人性及团队力量的理解都应用在了分众传媒上，协助老板工作取得成功。策略者是否拥有前瞻性的思路是非常重要的，我可以清楚地预判在日常工作中可能会出现什么问题，如何预防，出了问题如何解决，如何提高工作效率。"

图5-13　陈岩在世界妇女峰会上演讲

"我们经历过和新浪合并的失败，也经历过在纳斯达克敲钟，在美国的下市，公司私有化后在中国的再上市，成为中国最大的电梯媒体运营商……别人只看到了风光的一面，我们的拼搏和努力却不为人知。在老板的带领下，是全体员工的共同努力才创造出分众传媒今天的成功。"陈岩语气沉稳，有一种经历过世事的从容。

陈岩介绍，大数据系统是她现在的工作重心之一。"阿里巴巴和分众传媒达成了战略合作后，双方共同建构了分众—阿里DMP数据云系统。我们在各自的数据优势基础上建立了标签丰富的数据仓库；利用DMP系统对数据进行计算，从而建立了分众传媒的精准楼宇定位和标签系统。有了这些大数据，分众传媒可以在投放前进行

图 5-14 2019 年陈岩接受《现代广告》专访

跨屏预算分配，使媒体效能最大化，优化媒介策略。”①打通线上线下的多方数据源，为分众传媒的广告效果系统和精准营销系统进行创新和升级，是未来驱动公司发展的必备技术和专业引擎。2018 年，分众传媒推出了电梯电视实时收视率系统，持续引领户外广告向数据化、精准化、互动化的方向发展。

二、个人品牌定位

作为分众传媒首席信息官，陈岩的自身定位是媒体行业的领跑者。陈岩本人虽不爱冒险，但敢于接受挑战，自从从事了广告传媒行业，她就变成了一个每天“更新内存”的人。超大的阅读量占据了陈岩日常生活中的很多时间：“各种新闻，各种客户端，各种资讯，包括行业内的，我都会归类、整理和分析。”陈岩是媒体广告行业知名度极高的专家，她非常热爱自己的行业且对这样的职业角色感到自豪：“我一直都说，我不要创业，也不要当企业领导者，就做一个职业经理人就好，希望能在自己的工作领域里成为最好的专家。与其去创业、去做一家公司的老板，我更愿意在一个行业的顶尖平台上取得成功，做一个最棒的专业伙伴，站在老板背后，帮助老板和公司成为行业翘楚。”

① 360 个人图书馆.陈岩：每一次都是全新的开始，但我无所畏惧[EB/OL].(2019-02-21)[2019-03-22].http://www.360doc.com/content/19/0221/20/36628731_816617238.shtml.

图 5-15 分众传媒覆盖的中高档写字楼

三、个人品牌识别

(一)理念识别

陈岩骨子里的热情与理智是兼容并蓄的。她乐于接受挑战,在面对风险时也能理智分析、冷静处理。

陈岩当然也会看娱乐信息,但和平常人不同的是,她不是抱着“吃瓜群众”看热闹的心态来阅读这些信息的。陈岩对记者说:“比如我们公司有投资电影,我就会看和工作相关的电影产业新闻。在信息的海洋里,和工作无关的,我连标题都不会打开。”基于这样一个敏锐、快速的筛选能力,大家可以想象她平日的工作画面。对于陈岩来说,连续工作 16 个小时是家常便饭,进入分众传媒之后,她依旧保持每天 12 个小时以上的工作时长,就算有时可以不去公司,她的脑子也一刻没闲着。“有时候你以为我在发呆，其实我的脑子在飞速地转，想很多东西，比如我的报告、我的研究结论用什么方法分析数据，如何达到数据目标。”

（二）行为识别

作为公司最高管理层的一员，陈岩参与了许多重大事件的相关工作项目：公司纳斯达克上市后收购兼并的整合工作、公司在美国市场私有化以及回归中国A股市场等工作。陈岩服务过的客户有宝马、三星、西门子、宝洁、联合利华、欧莱雅、麦当劳、腾讯、阿里巴巴、京东等数千个国内外知名品牌。2017年6月，陈岩主导研发公司大数据系统，开发了广告实时监播、Infosys收视率、电商云三大系统。

图5-16　陈岩形象照

对于陈岩来说，投入工作这么多年，有太多难忘的事情了。“我的手机永远不能关机，7天24小时老板会随时随地打电话谈工作，时刻要解决工作中的问题。”陈岩在《中国市场监察报》的专访中回忆说。有一年冬天，老板半夜2点给她打电话，自己接听时根本没穿厚衣服，结果这个电话一直讲到4点，全神贯注地记录完老板的想法和问题后才发现，自己的全身已经冻僵了。[①]

（三）形象识别

陈岩亲和、开朗，带着和煦、优雅的气质。她不喜欢化妆，即使是接受采访，也只化淡妆，看起来自然、真实而精力充沛。

---

① 张蕎心.数字媒体行业的领跑者：专访分众传媒合伙人兼首席战略官陈岩女士[EB/OL].(2018-02-13)[2019-05-09].http://cicn.com.cn/zggsb/2018-02/13/cms104577.article.shtml.

四、个人品牌传播

(一)学术成就提升行业影响力

陈岩深耕媒体行业20多年,在广告行业积累了自己的专业学术成就、影响力和人格魅力,带领着分众传媒进行了技术升级以及数字化转型。平时,她在中国传媒大学和上海外国语大学做兼职教授,希望自己能培养更多的广告专业人才,为广告产业的升级作贡献,推动广告行业健康、有序地发展。

表5-3　陈岩发表的学术文章(节选)

时间	名称
2008	《中国户外新媒体的发展态势》
2009	《户外视频媒体的市场新思考》
2011	《探寻数字媒体的发展路径》
2011	《从营销时代巨变看媒体型公司创新走势》
2013	《媒介传播的演进历程与未来走势》
2018	《让谣言止于网络传播》
2018	《不忘初心　方得始终——参加国务院庆国庆69周年招待会有感》
2019	《用中国原创媒体讲好中国故事》
2019	《中国广告产业发展趋势分析》

(二)人大代表履行社会职责

作为上海市的人大代表,陈岩也踏实、认真地履行着自己的职责。2019年1月,她连续两年拟写了《关于取消广告业文化事业建设费的建议》,为广告行业取消文化事业建设费而持续努力。陈岩用自己的影响力,不断聚合资源,期望为广告事业带来好的转变。

(三)自媒体传递专业形象

自2011年起,陈岩就在新浪微博上时常更新、分享自己的动态。截至2019年10月,"陈岩一分众传媒"微博账号拥有粉丝量25,907人,其内容大多是广告行业动态和工作内容的分享,如中国广告市场的变化与形态重构,未来AI科技对广告传播行业进行广告投放、广告评估等全链条的赋能,分众传媒进行数字化升级、运用大数据技术以实现智能广告投放,分众传媒确保在正确的地方、正确的时机和正确的人群沟通正确的信息等。陈岩及其团队对新媒体的运用无不在塑造着一个专业的广告人形象。

案例四 李静:东方风行传媒文化有限公司创始人之一

图 5-17 李静

国内著名电视节目主持人和金牌节目制作人,乐蜂网、静佳化妆品品牌静佳 JPlus 创始人,与戴军成立东方风行传媒文化有限公司(下称东方风行)。

一、品牌故事

1970 年 6 月 24 日,李静出生在河北省张家口市,父母都是铁路系统的普通工人。从河北师范大学手风琴专业毕业后,李静在张家口电视台找了份工作,后来台领导把李静拉进了主持人队伍,她顺利地来到了北京电视台,直至进入中央电视台。1993 年,李静担任北京电视台《北京您早》主持人;1995 年至 1999 年,主持中央电视台海外中心《欢聚一堂》《周末大回旋》《精彩十分》等节目。当时,李静有了报考北京电影学院导演系的念头。结果导演系没考上,她转考文学系,学起了编剧。

(一)离开央视,决定创业

1999 年,李静决定从中央电视台辞职。据央视网的报道:"当时在中央电视台很不开心,其中一个原因就是我是那种不听话的主儿,对节目总有自己的想法,领导就找我谈话,但我是铁了心要辞职的。因为我知道在这个环境里,我创造不出什么东西来,当时我对工作的取舍原则就是好不好玩、快不快乐、有劲没劲——那时候我觉得特没劲。"本来李静想像许戈辉、陈鲁豫那样去凤凰卫视,但由于没什么认识的人可以帮忙介绍,只能作罢。好在,李静还有一批"臭味相投"的老同学,这些从北京电影学院毕业的文艺青年,整天谈论的话题是自由、艺术,和这帮"死党"在一起,李静觉得自己的状态非常好。大家曾在一次同学聚会上提议成立一个工作室,一起拍戏、写剧本。虽然后来没有获得资金支持，但是李静意识到，自己该做些什么了。①

直到 2002 年，李静脑子里还根本没有创业、开公司的概念："一开始我拒绝，虽然我在做一些建立公司该做的事。为什么拒绝？因为我觉得一说创业就特别有铜臭味，我特别怕听'李总'这个词，太俗气了。我觉得自己还挺文艺青年的。"更要命的是，一般的节目公司是先有广告队伍再有发行队伍，最后才有制作团队；而李静的东方风行则只有制作队伍，广告队伍和发行队伍根本不存在。

李静与戴军合作的第一个节目是《超级访问》，前身叫《小鸡捉老鹰》。因为当时国内的电视上还没有双人搭档采访嘉宾的访谈节目，所以节目一经播出，反响就相当不错。然而，因为合作方出了问题，李静迫不得已把团队撤出了高大上的写字楼，搬进了一栋旧居民楼里，做前期的、做后期的、做现场的十几个二十岁左右的年轻人都挤在一个几十平方米的房间里。一张行军床靠墙摆着，上面扔了几件军大衣，谁累了，就可以一头栽倒在那里。② 有时候，做后期的人要连续十几个小时都对着电脑，困得实在不行了，就眯一会儿。对于一直以"文艺青年"自居的李静来说，2000 年到 2002 年，是她为这个身份"买单"的两年。"现在回忆起来，那两年的日子太不好过了。最惨的时候是什么状况？每天都是最惨。"③李静说。

那时，李静妈妈给了她几万块钱，说："这是你的嫁妆，看你糟蹋完了怎么嫁吧。"李静用这钱租了办公室，居然还买了一辆车。那辆没有厂标的车后来成了团队所有人的代步工具。李静在央视网报道中回忆说："现在想想，觉得那辆车特别吓人，感觉是路边修车铺里的小伙计自己攒的车，一开起来直晃，然后发出各种奇怪的声响，还好几次在长安街上熄火。"李静对戴军说："你快下去推一下！"戴军说："我不下去。"因为那时的戴军多少还有些知名度，不肯在长安街上丢这个人。李静说："你赶紧的！警察马上就要过来了！"戴军只能飞身下去，把车推起来。李静摇下车窗喊道："你跑快点，跳上来，这车不能停下来……"戴军就在长安街上追着一辆破车，拉开车门跳了

---

① 央视网.著名主持人李静不为人知的传奇创业经历[EB/OL].(2013-01-12)[2019-03-17].http://jingji.cntv.cn/2013/01/12/ARTI1357957291966281_2.shtml.

② 戴军. 你好！我是李静[EB/OL].(2016-01-11)[2019-07-23].https://fashion.qq.com/a/20160111/059595.htm

③ 央视网.著名主持人李静不为人知的传奇创业经历[EB/OL].(2013-01-12)[2019-03-17].http://jingji.cntv.cn/2013/01/12/ARTI1357957291966281_2.shtml

进去。还有一次,李静拉着戴军在这辆车上描绘着她的宏伟蓝图。一个拐弯,戴军惊慌失措地说:“静儿! 你把方向盘拔出来了!”李静看了一下,轻描淡写地说:“没事,按回去就是了。”她淡定地把方向盘按回去,继续往前开。[①]

(二)摸索前行,改写规则

当时主流的民营电视节目制作公司,如光传媒、欢乐传媒等,与电视台的合作关系都非常简单,就是把节目免费给电视台,然后电视台给几分钟的贴片广告。如果按照市场价值估算,这几分钟的广告费用一年下来可达上千万元。但问题在于,电视台不负责叫卖,这是节目制作公司自己的事,所以对于当时没有任何客户资源的李静来说,这无异于一张空头支票。

在交了一年多的“学费”之后,李静决定放弃单纯靠贴片广告过日子的生存方式,她要去卖节目。“我记得特别清楚,我把发行总编叫过来,我说我要卖节目。他说不可能,中国电视台只买电视剧,从来没有买过节目。”李静在《站长之家》的报道中说。被拒绝后,她决定亲自上阵,去各个地方的电视台销售自己的节目。几经周折,她终于将节目推荐给了湖北电视台的领导审,结果竟然出乎意料地好,李静壮着胆子说:“如果节目效果不好你们就下调,但前提是你们要买我的节目。”当时李静给他们的方案是,5 分钟的贴片广告全给电视台,只把其中 30 秒作价留给自己。李静跟对方说,这个节目如果收视率第一,你就能卖几分钟广告,而且你一分钱不用投,仅仅需要花费两三千块钱;如果收视率低了,也完全可以把节目停了。多次努力后,湖北电视台同意试一试,每期节目给李静 2,000 块钱。就这样,在拉不到广告的情况下,李静成了中国第一个卖节目给电视台的人。这一卖就是 50 个台,一期节目卖出了 10 万元,而当时一期节目的成本是 3 万多元,李静开始赚钱了。

成功卖出节目后,她没有满足于一期 7 万块钱的利润,《超级访问》很快拉到了大红鹰的冠名。这让付费买节目的电视台不乐意了,可是此时的李静底气十足,因为《超级访问》是独一无二的。当江苏电视台和南京电视台的人同时跑到北京来请自己吃饭的时候她就发现,身份和地位变了,自己已经开始占据卖方市场的主动地位了。这些变化和做法慢慢让李静发现不按套路出牌是对的,只要逻辑行得通就该去试试,

---

① 央视网.著名主持人李静不为人知的传奇创业经历[EB/OL].(2013-01-12)[2019-03-17].http://jingji.cntv.cn/2013/01/12/ARTI1357957291966281_2.shtml.

没有什么是绝对不行的。

2004 年之后，李静开始有了比较明确的成本概念。"之前太自我了，节目没有考虑成本，也没有顾及消费者需求，"李静说，"现在不这么做节目了，我先分析市场上需要什么，然后我再去想一个东西提供给他们，然后这个东西可能由谁来买单，卖给什么客户，因为我知道只有这样公司才能生存下去。"①

（三）开拓领域，创新发展

2007 年的下半年，李静过得很纠结。当时，东方风行旗下已经有《超级访问》《美丽俏佳人》《情感方程式》等多档节目，仅靠销售内容和广告，年利润便已达到近千万元。在国内的电视节目制作公司中，东方风行的规模和收入仅次于王长田的北京光线传媒股份有限公司。

王中军的华谊兄弟传媒股份有限公司(下称华谊兄弟)对东方风行表现出了浓厚的收购兴趣，但双方因为初定的价格而迟迟未达成一致。也是在这个时候，在好友易凯资本有限公司的创始人兼首席执行官王冉安排的一个饭局上，李静认识了红杉资本中国创始人和执行合伙人沈南鹏。她没想到这个陌生人将改变她和公司的发展轨迹。

李静知道，如果选择华谊，则意味着东方风行将成为华谊兄弟的内容制作平台，公司不用再单打独斗，自己也会得到一大笔现金和华谊的股份，地位还能和华谊的冯小刚和张纪中一样；如果选择了红杉资本，公司能出让少数股权得到资金，但是个人套现要少得多，更重要的是，这意味着新一轮奋斗又开始了。又思考了两周，李静最终选择了红杉资本。

在谈判的时候，沈南鹏看出了李静虽然做了 7 年的企业，但对毛利率等财务数据全无概念，于是他向李静推荐了合适的财务总监。《站长之家》的报道曾提到一个细节：直到今天，李静仍要求财务总监每次准备两份财务报表，一份给股东看，一份给自己看。"我告诉他，不要给我整那些复杂的数字和图表，你就直接告诉我，赚了多少，赔了多少。"李静说。

在新的经济环境下，李静天生的方向感似乎仍然发挥着重要的作用。沈南鹏曾

---

① 央视网.著名主持人李静不为人知的传奇创业经历[EB/OL]._http://jingji.cntv.cn/2013/01/12/ARTI1357957291966281_2.shtml

经问李静："如果有机会做自己的产品，你要做什么？"她脱口而出："精油。"在她看来，这是一款超越了保养品和化妆品、对人身心都有帮助的产品。后来静佳 JPlus 的第一款主打产品就是精油，这个决定虽然没有经过严格的市场调查，但是其 2009 年的销售额达到了几百万元。①

(四)资本运作，牵头创投

2015 年，李静把一部分乐峰网的股份卖给了唯品会。据公开资料显示，东方风行旗下包含了三大业务，传媒公司、自有化妆品品牌静佳 JPlus 以及乐蜂网，前两者仍隶属于东方风行，而唯品会战略投资乐蜂网，实际上进行了资金和股权的交换。同年，她牵头中鼎投资的老大汤涛、航班管家的首席执行官王江，成立了星创投基金。她说："女性创业太难了，我们做一个专门关注和支持女性创业的基金吧。"随后，那英、蒋雯丽、梁静、李静和易到用车的周航都加盟了该基金。至此，李静生生地把她那辆没有厂牌的小破车，开成了一辆豪华旅游大巴士。②

图 5-18 李静淘宝直播宣传海报

二、个人品牌定位

李静以其特立独行、率真、俏皮的主持风格，被喻为国内最具风格的主持人。现在，她不仅是国内著名电视节目主持人和金牌节目制作人，而且还被称为中国企业最具影响力的"商界木兰"。从零开始、走到今天，李静的成功离不开她不断的努力、独特的思维方式以及乐天派的性格。她是中国新一代女性的典范，自信、自主的人格魅

① 白明婷.李静：不一样的创业者[EB/OL].(2014-02-18)[2019-08-06].http://www.chinaz.com/visit/2014/0214/339016_3.shtml.

② 戴军.你好！我是李静_时尚[EB/OL].(2016-01-11)[2019-07-23].https://fashion.qq.com/a/20160111/059595.htm.

力让她的事业也充满了吸引力。

三、个人品牌识别

（一）理念识别

在寻求发展机会的时候，李静意识到，按套路出牌就无法实现价值最大化。于是她总结出了立命之本：第一，要做出最牛的节目，即具备谈判的条件，就像唱片公司，要有拿得出手的 vocal；第二，一定要打破规则，让对方没办法轻易衡量自己的价值。

图 5-19　2019 年李静参与“你好毕加索公益之夜”活动

李静心目中的好产品有双重标准。首先，作为内容提供方，要经得住收视率的考验，而收视率是直观且残酷的，任何外力都无法左右；第二，要重视广告，虽然观众高兴了，但是没有广告作为资金注入，公司也会难以为继。有时候，广告太明显，观众就会换台，观众一换台广告就不会投了，所以，一定要在两者之间找到一个平衡点。

（二）行为识别

李静在一次校园演讲中介绍了自己在创业过程中不断完成职业跨界转型的丰富经历和职业成就，从三个层面分享了创业感悟。一是兴趣，她强调，决定理想能否实现首先要清楚自己的兴趣是什么，如果是喜欢和热爱，那么就能够在面对质疑和不解时，不计任何代价，始终坚持并保护好自己的初衷。二是方法，李静结合了很多创业故事，论证了经济收益与人脉、知识收益的辩证关系，告诉大家不追求功利反而更能得到贵人相助的道理。三是梦想，她说，人生有两种选择，一种是年年岁岁安定稳妥，另一种是每一天都充满未知。她认为人生不应设限，时间、年龄等任何东西都不能阻挡自己前进，所以要选择充满挑战的后一种选择，要做有梦想的人。

（三）形象识别

李静在不同的节目里有着不同的造型。比如，在时尚生活帮助栏目《我爱每一天》里，她的穿着颜色柔和，妆容清透，不戴任何首饰，语调温暖、包容；在大型娱乐互动访谈节目《非常静距离》当中则身着皮衣,中性里带着一丝霸气;在娱乐节目《超级访问》当中,其穿着则注重与戴军的配合。①

四、个人品牌传播

(一)整合营销,增加媒体曝光度

李静是6档节目的当家主持人兼制作人,她的主持风格特立独行、率真俏皮;其个人作品涉及电视节目、电影、电视剧、书籍等,这些媒介作品全方位塑造了李静的个人形象。此外,李静还积极参加社会活动,如2009年参与亚布力中国企业家论坛,发表了关于服务外包的演讲;2015年返回母校,在真知讲堂发表了《你的未来不是梦》主题演讲,讲述了自己丰富的创业历程。

表5-4 李静的个人作品总结

	时间	节目名称	职务
电视节目	1993—1995年	《北京您早》	主持人
	1995—1999年	《欢聚一堂》	主持人
	1995—1999年	《周末大回旋》	主持人
	1995—1999年	《精彩十分》	主持人
	2000—2016年	《超级访问》	主持人、制片人
	2002—2008年	《情感龙门阵》	主持人
	2006年—至今	《美丽俏佳人》	主持人、制片人
	2006年	《娱乐麻辣烫》	主持人
	2006年—至今	《我爱每一天》	主持人、制片人
	2007年	《静距离》	主持人、制片人
	2008年	《明星大考场》	主持人
	2008年	《我爱相对论》	主持人
	2009年至今	《非常静距离》	主持人、制片人
	2010年至今	《天声王牌》	制作人
	2010年至今	《今晚男得》	制作人
	2011年	《爱上经典》	监制

① 央视网.著名主持人李静不为人知的传奇创业经历[EB/OL].(2013-01-11)[2019-03-17].http://jingji.cntv.cn/2013/01/12/ARTI1357957291966281_2.shtml

续表

电影	时间	电影名称	角色
	2014 年 12 月 5 日	《匆匆那年》	医生
	2014 年 12 月 12 日	《我的早更女友》	女企业家
	2015 年 4 月 15 日	《我是女王》	占卜师
	2017 年 6 月 29 日	《反转人生》	艾博士
电视剧	2009 年	《再过把瘾》	富婆
书籍	时间	书名	出版社
	2011 年	《美丽俏佳人》	湖南文艺出版社
	2011 年	《做自己》	中信出版社
	2007 年	《静・女人邦》(杂志)	
其他	时间	作品名称	职务
	2010 年	《分手大师》	话剧出品
	2011 年	《熊猫总动员》	电影配音
	2009 年	亚布力中国企业家论坛	
	2015 年	河北师范大学校园演讲	
	2016 年	第八届中国商界木兰年会	

(本表系作者根据网络资源整理所作)

(二)公益营销,提升社会美誉度

据腾讯网报道,2011 年至 2012 年,李静连续两年成功举办“一路有你”大型慈善晚会。作为活动发起人之一,李静率东方风行旗下的公司和艺人,号召众多明星加入慈善事业,以慈善拍卖和现场认捐的形式筹集善款,并向全社会发起倡议,总共筹集善款 2743.71 万元,这些善款全部用于中国扶贫基金会的小额信贷项目、“有爱有家”孤儿助养项目、新长城教育扶贫项目、爱心包裹、新长城特困高中生自强班项目、善行非洲项目、筑巢行动等公益项目。李静表示:“我一直觉得自己挺幸福的,我的公司也是创造幸福的公司。女性、环保、梦想将成为我做公益慈善的大方向。未来会更多地关注女性公益事业,环保也是我一直坚持的努力方向。关于梦想,我认为要捐助一些有梦想的人,帮他们成就一番事业。”①

① 腾讯公益.李静:做公益不需要太多漂亮话[EB/OL].(2013-12-27)[2019-03-25].https://gongyi.qq.com/a/20131227/016483_1.htm.

表 5-5 李静近年公益事件总结

时间	事件
2009 年 8 月	参加“同爱中国儿童疫苗普及工程”公益活动
2010 年	幸福工程慈善盛典
2010 年	举办并参加“一路有你”中国扶贫基金会慈善晚会
2010 年 5 月	乐蜂网在四川雅安地震发生后向灾区人民捐赠人民币 100 万元，专门用于帮助雅安灾区女性的灾后心理重建；李静以个人身份向灾区捐赠人民币 20 万元
2010 年 6 月	李静和工作人员携带部分物资奔赴灾区绵阳探望那里的孩子，关注灾后儿童的心灵重建
2011 年	带领王婧、linda 等“静家族”美女军团发起百人植树绿色环保活动
2015 年 3 月	由北京市妇联指导，北京市妇女国际交流中心与 Binggo 咖啡共同主办的“创业之美——女性创业沙龙系列活动”第三期，李静作为分享嘉宾特邀到场助阵，与女性朋友们畅谈自己的创业故事

（本表系作者根据网络资源整理所作）

（三）新媒体传播，注重个人影响力

截至 2019 年 10 月，李静的微博粉丝量为 1,392 万人，阅读人数大于 1,000 人，互动数在 300 人左右，其发布的内容为东方风行的相关活动、个人参与或主持的节目和个人的生活动态。另外，《非常静距离》节目的官方微博也会同步发布节目动态、预告片等内容。名为“李静”的微信公众号共发布 85 篇原创文章，发布的时间不固定，内容包括自身的生活感悟和其他公众号的转载文章，其微信公众号的阅读量在 5,000 次至 50,000 次不等。公众号下方设置了“静瞎说”栏目，包含“静专栏”“小电台”“静推荐”3 个板块。

第六章　网络科技浪潮打造中国影响力女性

案例一　孙亚芳:华为董事长

图 6-1　孙亚芳

华为市场营销体系的创建者,《福布斯》年度中国商界女性。

一、品牌故事

孙亚芳,1955 年出生,1982 年毕业于电子科技大学。毕业后,孙亚芳在新乡国营燎原无线电厂工作,任技术员。1983 年,她在中国电波传播研究所任教师。1985 年,她任北京信息技术应用研究所工程师。1992 年,孙亚芳加入华为,从培训部经理做起,后到长沙做办事处主任,随后主管市场,逐步升任主持市场和人力资源的常务副总裁。1999 年,孙亚芳任华为技术有限公司董事长,直到 2018 年 3 月 22 日,华为正式公布新一届董事会成员,梁华接替孙亚芳出任新董事长。多年来,孙亚芳对华为的市场营销和人力资源体系建立居功至伟,其出众的大局观、跨文化沟通、协调能力和对细节的管理能力,使她成为任正非最信任的伙伴。[①]

① 冯禹丁.孙亚芳:“最有权势女性”的失权传说[J].商务周刊,2011(6):29-30.

1992年,孙亚芳在全体高层面前彰显了她的睿智。[①] 当时,华为现金流出现问题,连续几月未发工资,士气低落。此时,公司突然收到了一笔货款,任正非和华为高层都拿不准如何运用这笔资金。孙亚芳站了出来,给任正非做了决定——先给员工发工资。就在当年,华为的销售收入突破1亿元,员工数超过200人。1996年,华为进入城市市场。这是一个新的发展阶段,众多干部的能力暴露出局限性。孙亚芳此时的一个举动挽救了华为,带领华为进行了二次创业,也建立了华为的人力资源体系。通过任正非的授意,孙亚芳带着市场部所有的高管集体辞职,然后接受组织专业测评,优胜劣汰。该举措让华为人事大洗盘,一些副总裁甚至被派到基层。也正是这个措施,使得华为能够及早优化队伍,提高总部的专业化管理能力。从那一年开始,孙亚芳便为华为建立了"立、育、用、留"的人力资源体系。这套体系成为后来18万华为员工的孕育篮。2000年,任正非回顾这一事件时说:"如果没有那次大辞职,任何先进的管理体系在华为都无法生根。"[②]

1996年,为了快速占领市场并融通资金,华为开始与各地电信局合资成立控股子公司。孙亚芳很早就提出:"只有运营商赚得利润,赢得生存能力,设备供应商才能生存。"于是华为于1998年先后成立了10多家合资公司,与电信运营商及其主管部门形成了利益共同体。此举为华为开辟了庞大的销售渠道,既绑定了长期客户,又解决了令制造商头疼的回款问题。吸纳邮电系统员工入股,也为华为的高速发展提供了资金支持。外界普遍认为,在电信局工作多年的孙亚芳是华为这一重大战略的主要决策者和执行人。[③]

1997年,由孙亚芳主持引进的IPD(integrated product development,集成产品开发)和ISCM(integrated supply chain management,集成供应链管理)开启了华为业务流程的大变革,让华为的"成长基因"从最前端的市场销售向后端产品的开发和供应链成功延伸。

由于专业上的特点,华为在一定程度上可以说是一个"男性社会",但孙亚芳却成了这个"男性社会"的董事长,不能不说其自有过人之处。华为原来是没有董事长这

---

①② 荆文静,吴勇.华为告别女皇 任正非背后的"虎妈"卸任了[EB/OL].(2018-03-23)[2019-06-21].http://finance.sina.com.cn/chanjing/gsnews/2018-03-23/doc-ifysnevm3385488.shtml.

③ 冯禹丁.孙亚芳:华为的另半边天[J].商务周刊,2008(06):32-33.

个职位的，但1998年前后，由于华为一向低调的风格，加上其营销战术和早年的股权、贷款等问题，外界对华为的许多做法颇有微词。鉴于孙亚芳出色的对外协调能力，任正非提议她做董事长，负责外部的协调，而自己做总裁，专心做内部管理。实际上，这确立了任正非是第一把手，孙亚芳是第二把手的高层管理模式。此外，孙亚芳还负责了公司的市场、人力资源等方面的工作。

1999年，任正非力排众议，在提拔孙亚芳为董事长时说，孙亚芳年轻有为，口才与风度极佳，学历高，英语又好，适合对外协调，①这也是她被任命为董事长的一个很关键的原因。从此以后，在华为的许多对外活动上，人们都可以看到孙亚芳的身影。孙亚芳任华为董事长后，华为与外界的关系日益缓和。比如，在与美国思科的大官司中，华为就十分巧妙地调动了媒体的情绪，获得了很大的舆论支持。②

市场部会议让员工再次见识到了孙亚芳的果敢与睿智。当时召开常委会（公司副总裁级别），会议常委一致同意再来一次类似于1996年的中层干部竞聘活动，来解决中层领导安于现状、压力不足的问题。孙亚芳听完后立即否决，称时代不同，特殊时期特殊办法，现在华为人力资源体系的建设和评价系统已经比较完善，压力不足是因为公司没有执行评价体系。事实证明确实如此。③

二、个人品牌定位

2018年，在公司任职19年之久，有"华为女王"之称的孙亚芳主动让贤董事长。但华为内部文件显示，她并不会真正退休，她将继续在华为的治理体系中发挥作用。华为前副总裁李玉琢在《一路直行：我的企业理想》中曾多次提及任正非"对公司高层干部不给面子、不顾人格"地责骂，实为"狼爸"；但孙亚芳也不温和，实为"虎妈"。一位在华为工作了6年的高层管理汤圣平曾在2003年撰书《走出华为》说："孙亚芳过于直率，控制欲强，亲和力较差。在华为，只有孙亚芳对直接下属的训斥和任正非有得一比，她甚至比任正非更加严厉。"虽然严厉，但是孙亚芳在任期间的战略思想和创

---

① 荆文静，吴勇．华为告别女皇 任正非背后的"虎妈"卸任了[EB/OL].(2018-03-23)[2019-06-21]. http://finance.sina.com.cn/chanjing/gsnews/2018-03-23/doc-ifysnevm3385488.shtml.

② 杨芬."华为女皇"孙亚芳[J].企业观察家，2017(3)：32-35.

③ 荆文静，吴勇．华为告别女皇 任正非背后的"虎妈"卸任了[EB/OL].(2018-03-23)[2019-06-21]. http://finance.sina.com.cn/chanjing/gsnews/2018-03-23/doc-ifysnevm3385488.shtml.

立的工作体系仍然受到华为内外的广泛赞誉与尊敬。

图 6-2 华为产品图片

三、个人品牌识别

(一)理念识别

出身通信业的孙亚芳对行业大势具有出色的大局观。1998 年,孙亚芳在给任正非的报告中提出了 3 个观点:第一,知识经济时代,社会财富的创造方式已经发生变化,主要由知识和管理创造,所以要创新体制;第二,要让有个人成就欲望者成为英雄,要让有社会责任感的人成为管理者;第三,一个企业长治久安的基础是接班人承认公司的核心价值观,并且具有自我批判的能力。后来这些观点被任正非引用在《华为的红旗到底能打多久》一文里,也成为后来华为培养管理者和员工的重要方针。

(二)行为识别

图 6-3 孙亚芳(左一)

孙亚芳有胆魄,面对强悍如铁的"老板"并不唯唯诺诺。在《华商韬略》的报道中,华为老员工讲述道:"某次,市场部高层开会,讨论市场策略以及与人力资源相关的事宜,孙亚芳也在座。各位副总裁正在讨论之中,突然任正非从外面走进来,不论三七二十一,站着就开始发表观点：'你们市场部应该选那些有狼性的干部，比如说像某某这样的干部就不能晋升。'任正非话音刚落，孙亚芳就接着说：'老板，某某不是你说的这个样子，你对他不了解，不能用这种眼光来看他。'任正非竟一时语塞，转身就往外走，喃喃地说：'你们接着讨论吧。'后来，这位办事处主任升任了高级副总裁。"曾有评论说，"孙亚芳有势力，是说她在华为就代表着任正非"①。在中国，恐怕再没有第二个大企业的最高层会像任正非、孙亚芳这样，在近 20 年的时间里配合得如此默契。

（三）形象识别

任职期间，孙亚芳一直是华为对外的形象代表，她的每一次亮相都会引来外媒的围观。但对于华为的大多数员工而言，孙亚芳很低调。在很大程度上，华为董事长孙亚芳比华为总裁任正非更神秘。孙亚芳的低调成功地使自己隐身在任正非背后，外界难以描绘出一个生动、具体、甚至说法一致的孙亚芳，以至于今日在网络上能搜到的她的图片也寥寥无几。②

四、个人品牌传播

在关于孙亚芳的报道及研究中，提到她与任正非的相处时，并没有按以往的角度将其塑造为"背后的女人"或"女助手"，而是更多地强调孙亚芳个人对华为作出的贡献。有些报道还会提到，孙亚芳与任正非这位"老板"在意见不合时，任正非会非常认真地对待孙亚芳的意见。孙亚芳为人低调，其个人品牌的传播并不广泛，不仅没有个人媒体账号，而且她也几乎不接受媒体采访。

---

① 单丹.孙亚芳：在华为能与任正非比肩的女人[J].商业观察，2017(04)：28-32.

② 冯禹丁.孙亚芳：华为的另半边天[J].商务周刊，2008(6)：32-33.

案例二 彭蕾:蚂蚁金服董事长、阿里巴巴资深副总裁

图 6-4 彭蕾

中国互联网金融"领头羊"——蚂蚁金服的"掌门人",互联网金融行业最具影响力的女性之一。

一、品牌故事

彭蕾是阿里巴巴的 18 位创始人之一,曾任阿里巴巴首席人力官、集团服务部副总裁、集团市场部副总裁、蚂蚁金服服务集团董事长,现任阿里巴巴资深副总裁。作为"阿里十八罗汉"之一,彭蕾从首席人才官到蚂蚁金服的董事长兼企业领导者,外界评价她是"阿里最有权势的女人"。

一开始,彭蕾的兴趣并不是创业,她只作为随军家属跟随马云创业,但她对新鲜事物抱有好奇心,理解、吸收新事物的能力也很强。创业之初,彭蕾在阿里巴巴担任人力副总裁、市场副总裁和服务部副总裁,其中让她发挥最大作用的是阿里巴巴的首席人力官。她和马云一起看简历,引进优秀的人才,搭建阿里巴巴的初创团队,一手打造了阿里巴巴的企业文化。

彭蕾看人奇准,深刻知晓阿里巴巴需要什么样的员工。2000 年时,30 多岁的童文红,不算年轻也没有专业背景,不是初创互联网公司青睐的人。她应聘阿里巴巴的行政助理落选,做了前台。童文红工作细致、有耐心,不会因为事务琐碎而心生厌烦,反而会自学一些业务方面的知识为客户解答疑问,彭蕾十分欣赏这样的工作态度,于是提拔她当了行政主管。在童文红不自信时,彭蕾帮助她做职业规划,提供指导和帮助,让她在岗位上更有信心地发光发热。多年后,童文红成了菜鸟网络科技有限公司总裁、阿里巴巴合伙人,书写了从前台小妹到亿万富豪的传奇。

2005 年,为了增强员工对公司文化价值观的认同,在马云的提议下,彭蕾在阿里

巴巴内部设置了一套独特的价值观考核体系——“政委”,以业绩评分结合价值观评分来共同构成员工的考核标准。主管用数字打分,政委用字母打分,例如“3.75A”就是很高的分数。这一套体系完美结合了人力、部门和业务单元,形成了对员工的全面考核。阿里巴巴的政委考评和阿里巴巴优渥的薪资双管齐下,使阿里巴巴留住了大量的人才。彭蕾的这一套体系,帮助她出色地完成了首席人力官的工作。

2008 年是阿里巴巴决定要做“云计算”的第一年,彭蕾说服了前微软亚洲研究院常务副院长王坚加入阿里巴巴。当时的阿里巴巴被普遍视为一家卖货的公司,彭蕾也不懂技术。为了说服他,彭蕾甚至拿出了一个“奔月”计划,即每天有那么多的用户、商家在阿里巴巴这个平台上交易,产生了那么多的商品数据、个人数据、行为数据,如果能把这么丰富的数据统一存在一个地方,那么有朝一日它一定能发挥更大的作用。彭蕾希望王坚能看到当时阿里巴巴的大数据发展前景。① 王坚最终还是来到了阿里巴巴,一手缔造了阿里云,使之成为与亚马逊、微软齐名的全球三大云服务商。

在 2010 年 1 月的支付宝年会上,马云对支付宝的用户体验表达了强烈的不满,直斥“烂,太烂,烂到极点”。彭蕾临危受命,接任了支付宝企业领导者,至此完成了从后台向前台的业务转变。彭蕾接手时,支付宝处境尴尬,当时金融机构、电信运营商和互联网企业都看好移动支付的前景,而金融机构有国家信用的背书,可信度大大提升,支付宝很难取得突破性的优势。春节后,彭蕾以新领导者的身份在莫干山召开了一场核心员工大会,P8 以上全部参加。当时,整个支付宝团队被委屈、迷茫和不知所措笼罩着。彭蕾以员工大会为突破口,在第一天晚饭时与每个人挨个碰杯。在她的带动下,气氛活跃起来。或许是在酒精的作用下,有人开始发牢骚,还有人说到激动处哭了起来。那天彭蕾也喝多了,后来直接跟员工坐在地上。随后,彭蕾带着团队,默默地扩展着金融机构不愿意做的事情——公共事业缴费的服务,包括城市和基础设施的缴费:网络费、水电费、通信费等。彭蕾果断而坚定地指引着团队将这件事做到了极致。每座城市、每个管理部门,一家家谈合作,一个个改系统,与支付宝衔接、测试、运转。彭蕾经常在网上浏览用户对支付宝的评价和建议,发现任何小问题她都会找到相关负责人要求尽快解决。

---

① 创投圈.她掌管 600 亿美元帝国,马云背后最重要的女人[EB/OL].(2016-09-06)[2019-04-12].http://www.sohu.com/a/113676916_106390.

8年之后，彭蕾在《蓝洞商业》的采访中回想起来，承认自己“在外面很少喝酒，但那次喝得够呛”。她说：“当时大家比较郁闷，整体处于低潮状态，怎样才能让大家迅速坦诚相见，成为战友呢？所以就简单、粗暴地这样做吧。”彭蕾确实借此打开了局面，这次员工大会被称为“骆驼大会”，是支付宝历史上的一次重大转折。此后，快捷支付、余额宝等产品相继出现，为今天估值1,500亿美元的蚂蚁金服打下了坚实的发展基础。①

2013年，阿里巴巴开始筹备阿里小微金融服务集团，彭蕾再一次没有辜负马云的期待。她双管齐下，一方面，巩固支付宝在移动支付领域的地位，积极扩展用户；另一方面，开发余额宝、招财宝等金融产品，迅速抢占市场。这些快、狠、准的战略决策，体现了彭蕾雷厉风行的性格特点。截至2013年年底，支付宝实名认证的用户数超过3亿人。2013年，支付宝单日交易笔数的峰值达到1.88亿笔。其中，移动支付单日交易笔数峰值达到4,518万笔，移动支付单日交易额峰值达到113亿元人民币。②

图6-5　蚂蚁金服及旗下平台

网络公开资料显示，2014年，阿里巴巴整合了旗下的金融产品，成立了蚂蚁金服，彭蕾先后担任企业的领导者、董事长。2018年6月8日上午，蚂蚁金服宣布新一轮融资，融资金额为140亿美元(折合人民币900亿元左右)。市场预计，融资后蚂蚁金服的估值在1,500亿美元至1,600亿美元之间，折合人民币上万亿元，成为全球最厉害的独角兽企业。

在2016年10月16日举办的蚂蚁金服两周年大会上，彭蕾回顾在阿里巴巴与金融打交道的这几年时间时说：“正是因为妈妈的耳濡目染，我一直认为，蚂蚁金服的金融一定要建立‘利他文化’，要为最基层的金融从业者以及他们所服务的对象、农户着想，重视那些没有力量但需要帮助的人，让他们也能享受到因技术变革而带来的力量

---

① 郭朝飞.攻心者彭蕾[J].互联网经济,2019(Z1):56-61.

② 百度百科.支付宝(第三方支付平台)[EB/OL].https://baike.baidu.com/item/支付宝/496859?fr=aladdin.

和创新创造的价值。”[①]彭蕾还对阿里巴巴以往的金融业务做了回顾。比如，支付宝业务解决了信任及担保交易问题；网商银行、小贷业务解决了小微企业贷款问题。沿着服务普通人、小微企业的路径，蚂蚁金服又推出了花呗、借呗服务。在这一链条中，彭蕾还增加了保险业务，她希望让保险去创造价值，给普通人、家庭和企业带来安全感：“在他们碰到困难的时候可以雪中送炭。”

信用体系不仅可以让普通人更加平等地享受到美好的服务，而且还能建立“心”与“心”之间的联系。彭蕾说：“让每个人更有尊严，让坏人没有地方可去，让好人畅通无阻，这是蚂蚁金服一直想带给用户的安全感。”彭蕾还透露了蚂蚁金服在国际布局上的愿景：“尽管已经跟着我们的合作伙伴去了全球那么多的地方，但我还是希望我们要继续不断去探索、去服务好当地的消费者、创业者和小微企业。”蚂蚁金服是一家互联网公司还是金融公司？对于这个问题，彭蕾的答案是，“我们是什么公司不重要，重要的是，我们究竟可以用什么方式来为用户创造价值、做好服务，让社会更美好。创新是我们的灵魂、是血液里最重要的DNA”[②]。

图6-6　2016年彭蕾在浙江工商大学毕业典礼上演讲

2016年11月，支付宝推出社交功能“圈子”，发帖次数与芝麻信用分捆绑，该功能只限女性使用。由于出现了大量的美女自拍，甚至还出现了大尺度照片，这个新功能立刻将支付宝卷入了舆论风波，网络上出现了很多支付宝的负面评价。这时正在美国出差的彭蕾，立即召集22位管理成员反思问题，坦诚地发内部信认错：“自己做错的事，永远不要怪别人！错了就是错了。过去的这两天，是我到支付宝7年以来，最难过的时刻。我们经历过许多困难的阶段，但从没有任何一件事，如这次一样如此深地刺痛我。在此，我向所有热爱阿里巴

① Emma.彭蕾：曾发誓这辈子都不要跟钱打交道　蚂蚁金服只是一个稍微有点规模的创业公司[EB/OL].(2016-10-17)[2019-07-13].http://www.sohu.com/a/116344154_323328.

② Emma.彭蕾：曾发誓这辈子都不要跟钱打交道　蚂蚁金服只是一个稍微有点规模的创业公司[EB/OL].(2016-10-17)[2019-07-13].http://www.sohu.com/a/116344154_323328.

巴、热爱支付宝，一直坚信并践行阿里巴巴价值观的同事道歉！向所有信任且陪伴支付宝的用户、合作伙伴道歉！”最终，这场风波在彭蕾“霸道总裁”式的道歉中结束。

2018 年 4 月，彭蕾卸任蚂蚁金服董事长。卸任后，她接受了《人民日报》的直播访谈，以阿里巴巴脱贫基金副主席、湖畔魔豆公益基金会创始人的身份，分享了她对于扶贫和公益的思考。彭蕾说，“我的 KPI 主要是女性，我的爷爷奶奶都是农村的，我对农村很有感情，也很关注农村女性的发展。我会先选择一些试点，再逐步去推进”。彭蕾还表示，自己很希望能帮助农村的妇女和家庭，改善她们的经济条件，让更多的孩子有接受教育的机会，希望能给农村带去科学的教育方法。她会从宁陕县开始，向更多的县推广。

二、个人品牌定位

作为蚂蚁金服的“掌门人”，彭蕾所获得的成就离不开她的专长：善于用人、强大的管理能力以及她对事物的好奇心。从阿里巴巴的“大管家”到临危受命接管支付宝并使之成为中国最大的独角兽公司，这一路走来，彭蕾刚柔并济的性格特质帮助她渡过无数难关。小时候，彭蕾看到在农村信用社工作的妈妈活得非常焦虑，因此她发誓“一辈子不和钱打交道”。当时的她一定想不到日后的自己会成为互联网金融机构的董事长。阿里巴巴文化有趣的一点是，大家通常都有一个花名，彭蕾在阿里巴巴的花名是林黛玉。在阿里人眼里，她特别温和、亲切、好沟通，经常会提醒员工不要为了工作而牺牲健康，在辛苦工作的同时也不要忘记家人。在阿里巴巴繁忙的工作当中，她发挥着黏合剂的作用。

2017 年 9 月 11 日，在阿里内网上发布的《写给 18 岁》中，彭蕾回顾了自己在阿里巴巴 18 年来的生活点滴：“无论多久多远，你心底那个天真、倔强的小孩没有迷路，不放弃热血热泪，一起奔跑、拥抱自由，这是多么值得骄傲的一件事。”①

2018 年 4 月，彭蕾卸任蚂蚁金服董事长，马云评价“带领蚂蚁金服走过的这 8 年，彭蕾用她坚定的内心和杰出的领导力，用女性独有的温柔和洞察力，让一个支付工具充满了爱、信任和责任感”。

---

① 全天候科技.蚂蚁金服彭蕾撰文致敬阿里 18 岁：生命里总得要有什么值得你为他燃烧一回[EB/OL].(2017-09-11)[2019-06-11].http://www.sohu.com/a/191200730_130887.

三、个人品牌识别

（一）理念识别

彭蕾在一次演讲中提到，2010 年，她正式从工作了 10 年的人力资源管理部门（下称“人力”）转到了业务部门，如果给她的 2010 年定一个主题的话，最恰当的题目应该叫“弃文从武”。她说：“以前站在人力的位置上思考，现在站在业务的位置上思考，以前在圈子内思考，现在在圈子外思考，这个转变带给我很多的感悟和体会。其中，有很多感悟看上去是矛盾的，但正是这些矛盾，成为我追求进步的动力。”她还分享了自己对人力工作的看法：“我最大的感受首先在于，身在战略层，很难接地气。无论是做人力还是做集团企业领导者，很多时候真的有点‘站着说话不腰疼’。到了业务岗位我才发现，原来很多理想化的东西一定要和现实结合，所以奉劝各位人力，一定要想办法接地气，否则工作真的很难继续下去，更别提发挥人力的战略伙伴作用了。”“所谓‘心到一眼到一手到’，你心里装着业务，眼里就能看到业务，手上做的事情自然能贴近业务。诸如，陪同业务员一起拜访客户、轮岗、经常参加业务会议、经常跟业务员下馆子……方法太多了，关键看你有没有用心。不要跟我说‘我只是个人力’。如果如此，也罢，那就安安静静做个抬不起头的人力！”①

在 2015 年的全球女性创业者大会上，彭蕾分享了自己作为女性领导收获的经验。她提到，在她刚担任企业领导者、进入这个男性居多的圈子时，她的压力很大。但她有两个秘密武器。第一个是“隐形的梯子”，无论遇到什么困难，她都可以用它搭一座桥，进入当下的领域，进入别人的内心；第二个是自己的“心灵花园”，这个“心灵花园”可以是一本书，也可以是电影或音乐，要有自己与自己相处的时间，不要放弃能让自己轻松的活动。彭蕾在这次演讲中表示，“我看过一本书叫《未来是湿的》，我觉得这本书其实是在说未来是女人的，因为有女人的地方才不会干巴巴，不是干巴巴的地方才是湿润的”②。诚然，彭蕾在工作和生活当中都特别注重发挥女性的特质：一

---

① 阿里铁军.彭蕾：我最奢侈的梦想是用触碰心灵的方式管理人[EB/OL].(2018-05-19)[2019-07-13].http://www.finance.sina.com.cn/china/grcj/2018-05-19/doc-ihatur/s7709111.shtml.

② 新浪科技.蚂蚁金服彭蕾：有女人的地方才不会干巴巴[EB/OL].(2015-05-20)[2019-08-03].https://tech.sina.com.cn/i/2015-05-20/doc-icpkqeaz4861565.shtml.

方面,她在工作中最大化地发挥个人潜力;另一方面,她努力平衡好工作与生活。

(二)行为识别

作为阿里巴巴的首席人才官,彭蕾擅长与人打交道,享受和一群人一起做事。彭蕾形容自己的工作是"看护好这一群人并凝聚他们的力量"。"在人力生涯中,我是一个活在内心世界里的人",她曾希望找到一种能触碰人心灵的方式,促进员工并带动团队、组织成长,从而带动业务发展,创造更多价值。[①] 随着阿里巴巴的员工增多,从初创的"十八罗汉"到上万名员工,日常事务琐碎繁多,在巨大的工作压力下,彭蕾在首席人才官的岗位上坚守了10年。这样的成就是以她强大的管理能力为支撑的,高效的执行、有效的沟通,彭蕾像是阿里巴巴的守护神,凝聚着阿里人的心。

图 6-7　2017 年彭蕾在哈佛中国论坛

(三)形象识别

有人说彭蕾和马云长得像,称之为彭蕾在阿里巴巴节节高升的主要原因。借凤凰科技的采访,彭蕾对此反击:"难怪我一直觉得马总五官虽不咋地,但凑一起看就是气质独特,很有范儿。"随后,她话锋一转,还击好事者:"但长相这事吧,美也好,丑也罢,说到底就一句话,我长什么样关你什么事?"彭蕾五官清秀,虽已步入中年,但依然有着姣好的身材和无瑕的皮肤。在阿里内网,同事对彭蕾的置顶标签只有一个:女神。从彭蕾公开的照片来看,她气质颇佳、笑容温柔,脸上总散发着自信的光芒,很好地诠释了当代女性的力量。

四、女性个人品牌传播

彭蕾为人低调,很少接受采访,也鲜在公开场合亮相。媒体对她的报道内容大多出自行业论坛演讲、公司年会演讲和少量的媒体采访。在中国知网以"彭蕾"为关键

---

① 海心."支付宝女王"彭蕾:痛并快乐着[J].劳动保障世界,2015(22):62-63.

词进行搜索，共有92条结果，其中73篇源自期刊、17篇源自报纸、1篇为国内会议资源。彭蕾很少在社交网络发表看法，查看她的新浪微博，其内容很少更新，更新的内容也都是与工作相关的转发。她在阿里巴巴的内部网站上经常发帖，分享日常和同事工作的图片，大家对彭蕾的评价很高——“率真”“聪慧”“真性情”“女神”。

案例三　张泉灵:紫牛基金合伙人、少年得到董事长

图 6-8　张泉灵

从中央电视台主持界转战创投界的追梦人。

一、品牌故事

张泉灵,1973 年出生于上海,1996 年毕业于北京大学德语语言文学系。1997 年,张泉灵考入中央电视台国际部,任《中国报道》记者、编导、主持人。2000 年,张泉灵任新版《东方时空》总主持人及《人物周刊》《焦点访谈》《新闻会客厅》栏目主持人。2010 年获得第十一届长江韬奋奖。2015 年 7 月,张泉灵从中央电视台离职,于当月以顾问的形式加盟傅盛战队,成为紫牛基金合伙人。

(一)领悟人生,跨界转行

张泉灵考进中央电视台国际部后,赴阿富汗做战地记者,后因在汶川地震灾区中敏锐又专业的采访一举成名。她直播“两会”多年,在《人物周刊》《焦点访谈》《新闻会客厅》等节目中都担任过主持人。在人才济济的中央电视台,其果敢理性、从容自然的主持风格让她成为备受欢迎的女主持人。

张泉灵在《环球人物》杂志采访中回顾了自己决定转行的心路历程。第一次步调放缓是在 2015 年年初。张泉灵正式提交了休假报告,去帕劳考潜水证。那段时间她正在咳嗽,每天甚至会咳血,医生建议她去做一个肺癌筛查。因为疾病,张泉灵开始检视自己,“在水里享受照进来的阳光,看缤纷鱼群,我发现自己没什么遗憾,也没什么放不下”,她觉得自己完成了当记者这个能满足她蓬勃而旺盛的好奇心的梦想。

从帕劳回来,她的体检结果是“气管咳破了”。日子回归平常,但这件事情让张泉灵开始换个角度思考人生:“我的好奇心还可以投向哪里?”也是在这两年,因为互

联网的冲击，张泉灵熟悉的媒体圈每天都有人“出走”。当生活方式和经济模式被互联网改变的时候，她也关注起了中国的互联网发展。张泉灵约了一些做互联网企业的朋友们聊天，问他们能不能开放公司，让自己有机会和员工见面，希望能在聊天过程中了解一些互联网的全新逻辑。而这些朋友的第一反应则是，“你要跳槽？我们这里有职位啊”。

2015 年 4 月的一天，张泉灵跟着傅盛参观了猎豹移动公司。那时，天使基金项目紫牛已经提上日程，在参观后的饭桌上，傅盛就邀请张泉灵加入做创投人。这当然让“正在寻找好奇心投放点”的张泉灵很感兴趣。但真要转行，她又怀疑自己到底能不能行。她犹豫了两个月，那些爱她、企图保护她的人也都坚决地说“不”。“你知道我已经是孩儿他妈了，从婚姻的角度看，很多决定都变成了两个人，甚至三个人的事情。”张泉灵对《环球人物》记者说。

最后让张泉灵下决心的是，她真正接触了创投。这两个月，傅盛为了说服她，带她去美国参观了谷歌(Google)、爱彼迎(Airbnb)等全球知名互联网企业，介绍了自己在美国的创投项目。张泉灵突然觉得，自己离这个新的世界并不遥远。因为创投早期对财务的知识要求不高，更多强调“投人”，而自己当记者的这 18 年，干的就是这种事。想明白以后，张泉灵毅然提出了离职。回忆起当时的想法，张泉灵告诉记者：“其实我想跳出的不是什么体制，而是慢慢凝固的思维模式。”①

(二)挑战自我，破茧成蝶

2015 年刚刚离职时，许多媒体问张泉灵，为什么要改变身份，做这样一份跨度巨大的工作。她则开玩笑地回答：“在中央电视台，开始会有人说，泉灵姐，我特别喜欢你。后来有人说，泉灵姐，我妈特别喜欢你。再有人说，泉灵姐，我奶奶特别喜欢你。我特别担心很快就没有人喜欢我了，所以我就离开了。”这个玩笑背后，反映了张泉灵内心的焦虑。“我极其担心一个做传播的人，最后变成自说自话、自怨自艾、自恋自哀，我们不知道真正想说服的人在哪里，也不知道他们是怎么想的。”②

2015 年 9 月初，张泉灵一条讲述为何离职的长微博在业界引发了不小的讨论，

① 毛予菲.张泉灵：创业赶上了“下半场”[J].中国工人，2017(4)：22-23.

② 猎云网.张泉灵：时代扔掉你的时候，连一声再见都不会跟你说[EB/OL].(2018-02-04)[2019-07-21].https://www.lieyunwang.com/archives/410300.

她说“最难放下的不是名利,也不是习惯的生活方式,而是思维模式”。她的离职就是要开启新的思维模式,因为“从去年开始,我就特别关注互联网。我开始慢慢理解一些全新的逻辑和想法。比如羊毛可以出在猪身上,而狗死了。再比如,一些针对出租车司机的电台节目收听率下降,完全不是因为有更好的节目出现,而是司机都在用滴滴接单,就不听广播了”。

张泉灵说,刚转行那段时间,自己哭鼻子的次数比前10年加起来都还要多。但慢慢地,她适应了新角色。在接受《环球人物》记者采访的那天,她和一群投资人聚在一起,穿梭于世界互联网大会的各个分会场,聊VR(virtual reality,虚拟现实技术)、人工智能、内容创业,俨然是个成熟的创投人。但是,刚创业的那一年,张泉灵过得很焦虑。“我不知道该怎样描述过去一年的生活,情绪起伏剧烈,觉得自己提前进入了更年期。”“当记者的时候,遇到不理解、不喜欢的事,我会想,不理解就不理解,不喜欢就不喜欢,它能很快被我屏蔽。而现在我惆怅的是,我不理解为什么我不喜欢的东西会有其他人去追随,是他们的眼光和我不同,还是有些奥秘我不知道?有时候,我不止把精力花在要投的项目上,看到一线大基金在后期追加明知投不进去的项目的时候,我就会焦虑。”①

2015年下半年,徐小平的真格基金和李开复的创新工场各自在创投界有了“江湖地位”。紫牛基金的成立时间比他们都晚,从本质上看,不但没有经历之前的创业“发烧期”,反而赶上了所谓的“资本寒冬”。但在张泉灵看来,遇上这样的时间点是好事。一方面,“看到投资界狂热地哄抢,这让转行创业的我有了更多思考”;另一方面,这个节点正好迎来了“互联网的下半场”。据《环球人物》报道,傅盛这样跟张泉灵说:“互联网下半场了,不要简单投个App,要看看这里面的内容到底提供了什么价值。”“上半场”的发展让普通人离互联网越来越近,“下半场”的竞争则对张泉灵的知识储备提出了挑战。比如,酷炫的人工智能正逐渐代替移动互联网来真正改变我们的生活。所以这一年多,紫牛基金一直坚持的方向就是人工智能和内容创业,而后者正好砸中了做内容出身的张泉灵,她也因此更关注这个创投领域。

---

① 毛予菲.张泉灵,创业赶上了“下半场”[EB/OL].(2016-12-26)[2019-08-11].http://hqrw.com.cn/2016/1226/59258.shtml.

（三）洞察互联网市场，收获成功

内容创业的另一个版块是线上教育。张泉灵认为，内容付费正变成新的时尚。虽然，之前的互联网用免费挤掉了付费，但现在消费者意识到，只有付费才能获取更好的内容，以此节省自己更多的时间。所以，最终的竞争核心是消费者的时间。一天只有 24 个小时，到底把它们用在哪儿；在海量的信息前，怎样才能找到最有效的内容，使消费者愿意付费从而满足娱乐需求、得到成长？思考良久，张泉灵决定投一些互联网的线上教育，比如教孩子编程的编程猫。

张泉灵并不看好大多数新媒体的内容创业。“大多数内容创业本质上并不是风投要追逐的方向。比如，很多专注内容的公众号，单纯依靠流量变现和广告盈利，这我不敢投，因为广告篇幅有限，收入总额就在那里，能持续多久不好说。作为投资人，我太怕熬不到上市，我的钱就打了水漂。”①

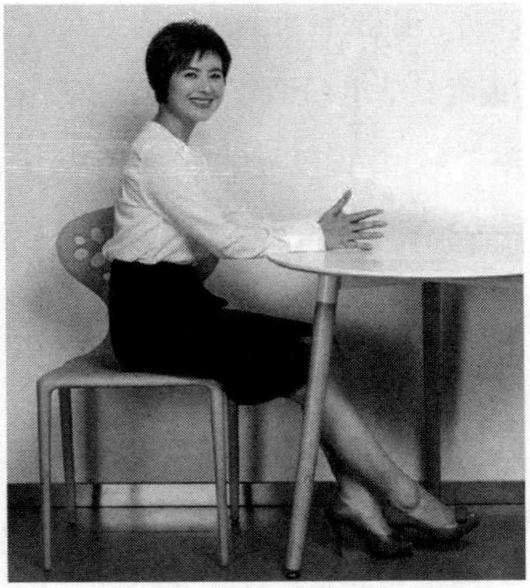
图 6-9　2016 年张泉灵杂志照片

当年和“年糕妈妈”这个项目取得联系时，张泉灵采用了单刀直入的方式，直接加入了对方的微信粉丝群。“有一天，一个名为张泉灵的微信号突然来加我们。她说她以前是中央电视台的，想投资我们。我当时的第一反应：是不是个骗子？后来，我就跟她聊，她很高效，马上就约我在上海见面。那天她跟傅盛两个人一起过来了。”“年糕妈妈”的创始人李丹阳对《上游财经新闻》记者回忆说。相较于其他投资人，张泉灵给李丹阳的印象是说服能力很强。事实上，在紫牛基金之前，已经有很多投资机构找过李丹阳了，谈及的话题多与“钱”有关。但张泉灵不同，她一上来就告诉李丹阳：“要想影响更多妈妈，你就必须走商业化道路。”

2016 年，“年糕妈妈”只有一个微信公众号，张泉灵提醒他们，应该赶紧建立自己的微信公众号矩阵。“她觉得，一个微信公众号发送的内容有限，这对用户的影响是

① 毛予菲.张泉灵：创业赶上了“下半场”[J].中国工人，2017(4)：22-23.

不够的。”李丹阳最初听完这个建议并未完全认同，觉得专心做一个微信公众号挺好。后来，张泉灵给他们聊了很多行业现状以及内容发展趋势，李丹阳被说动了。接着，“年糕妈妈”团队尝试做了“年糕妈妈辅食”“年糕妈妈教育”“宝宝辅食日志”“陪玩时光”“育儿百科”等众多微信公众号。事实证明，这些微信公众号在后来发挥了巨大的作用。

对角色转换的快速适应得益于张泉灵曾经的媒体人身份。她在接受《环球人物》的采访时说：“两者确实有很多相通的地方。我在记者岗位的这些年，进行了很多实操，这让我能更快地理解对方，项目拿到我跟前的时候，我能很快看懂。当然还有人脉积累带来的帮助，看不懂项目的时候，我也能在 24 小时内找到能看懂的人。”

(四)认清自己，勇敢前行

几乎所有认识张泉灵的人，对她的评价都是天赋很高、好奇心强且有压迫自己的狠劲。现在，张泉灵每年要见几百位创业者，向行业内的顶尖高手求教。她投出了“编程猫”“年糕妈妈”等项目，时刻关注着当下最热门的商业领域。2017 年，紫牛基金三分之一的投资额都投向了人工智能的早期项目。目前，张泉灵与工作伙伴最关注的投资项目是区块链。区块链的诞生，几乎让所有的投资人都非常焦虑，投资界流传着一句话：“币圈一天，互联网 10 年。”但是张泉灵咬住了这个项目，她看中了，就会付出行动。

2018 年，张泉灵保持着自己的好奇心和自律性，去上了戏剧课，减肥减了 12 斤。她的朋友圈除了发布工作信息之外，还分享自己的生活。生活中的张泉灵看起来颇为柔软，她分享花草、生活小物，最近还晒上了“国潮”。助理白婕说她心态非常年轻，会关注《延禧宫略》为什么会火，关心什么好物值得“种草”。

在某种程度上，张泉灵就是紫牛基金的“流量入口”。她开玩笑说，紫牛基金最初什么业绩都没有，名气都是靠脸刷出来的。但这一行到底是要靠业绩说话的，张泉灵拿出了令人骄傲的成绩单：在数量上，成立 1 年多的紫牛基金共投出 26 个项目；在质量上，团队成长带来的账面业绩让人欣喜。张泉灵说：“是运气有点好，我不敢说出具体的账面数字，怕以后保持不住。”“其实跨界的人都清楚，没那么容易。我不否认光环，也不惧怕质疑。我很清楚，质疑声永远是名气的附赠品。出多大名，就要挨得起多大骂。但我明白，有的时候，大多数的痛苦在于你没有忘掉原来的位置。所以我经常问自己凭什么创业，就凭从头开始，从零开始。”①

二、个人品牌定位

图 6-10 2018 年张泉灵参加综艺吐槽大会

在傅盛看来，张泉灵完全有能力做好天使投资，他认为，投资的本质是了解事情的核心。在“互联网+”时代，跨界能更好地将资源串联起来，未来是投资媒体化的时代，而张泉灵有足够的品牌度和知名度。

图 6-11 张泉灵参加综艺奇葩说现场

鄢蔓和张泉灵认识快 20 年了，在《中国企业家》杂志报道中，她是这样评价张泉灵的：“刚认识的时候，不一定会特别喜欢她，因为她说话很直接，这点非常不像上海女生。接触久了，会发现她是个特别善良的人，愿意帮助你提升专业能力，生活上也会常常分享一些她认为很好的经验给你。”

三、个人品牌识别

（一）理念识别

张泉灵直言：“我极不擅长管人，直到今天依然如此。”自己最不擅长的事情就是管理，因身份转换而带来的差异和不适，她需要花时间去适应和解决。以前在中央电视台，她和同事的沟通可以就事论事，不用有太多情面上的顾虑，拍完桌子后还能谈笑风生；到了紫牛基金，她发现同样的口吻只会让同事受不了。后来，她特意修正了自己与同事的说话方式，尽量避免从前的直来直往，“每次批评人，都要做好久的心理建设”。

---

① 毛予菲.张泉灵：创业赶上了“下半场”[J].中国工人，2017(4):22-23.

现在，张泉灵对创投也有了自己的理解。“内容创业有两个大作用，其中一个是消费升级。互联网烧钱的流量竞争结束后，内容会成为一个低成本获取客户的渠道，这样消费者的黏性比较高，这是内容转消费升级类投资非常明确的变现方式。我投资的‘年糕妈妈’最初做内容平台，专写母婴类文章，现在转电商，向消费者出售母婴商品，最多一天可以卖几万份。消费升级意味着，当团队成为企业时，其所经营的就不再是内容而是消费者了。”张泉灵对《环球人物》记者说。

（二）行为识别

张泉灵有个外号叫“全百科”。现“罗辑思维”创始人罗振宇就说，张泉灵是他见过知识最驳杂、学习事物最快的人。

图 6-12 2018 年张泉灵出席哒哒英语和和睦家中国医疗基金会公益活动

在外界看来，张泉灵的职业转换是一次“华丽的转身”，但她自己认为，这个过程痛苦极了，一点都不“华丽”。在互联网的高速发展中，带着媒体身份的张泉灵说得最多的是“No，我不这么看”，或者“Yes, but...”。现在，张泉灵往往会回答“Yes, and...”，存在即合理，出现必有原因。两年多的投资经历让张泉灵深刻地意识到这个世界是如何被颠覆的。“如果你不去理解这种改变，你就会沦落为上一个时代的人。这个时代扔掉你的时候，都不会跟你说一声再见。”看着这个日新月异的时代，张泉灵感叹：“历史的车轮滚滚而来，越转越快，快到你要不然就躲在一个没有轮子的世界里面；要不然挡着它的路了，你得断臂求生；再不然就跳上去，看看它滚向何方。”①

（三）形象识别

张泉灵给人的感觉就如同她的名字一样：清秀、灵动。她平易近人，眼睛里总是

① 李原.张泉灵 相信新事物的颠覆性[J].中国企业家，2018(7)：78-79.

透露着一丝能融化陌生感的笑意。

四、个人品牌传播

(一)主持身份积蓄知名度

张泉灵曾是中央电视台的知名记者,获得过长江韬奋奖;她同时还主持了《焦点访谈》《中国报道》等节目,其自身带有一定的知名度;加入创投界之后,张泉灵于 2017 年 2 月在《奇葩说》(第四季)担任导师,向大众展现了其亲切、富有智慧的形象。

表 6-1　张泉灵部分个人经历总结

时间	个人经历
2000 年	新版《东方时空》总主持人、《人物周刊》《新闻会客厅》等节目的主持人
2007 年	庆祝香港回归 10 周年,张泉灵主持《朝闻天下》新环节之《香港早晨》
2008 年	参加奥运圣火登顶珠穆朗玛峰采访
2009 年	主持系列节目《牛年怎么牛》《泉灵逛城》报道神舟七号
2010 年	直播《泉灵看两会》
2011 年	主持特别节目《行走唐人街之拉美篇》
2012 年	主持担任神舟九号特别报道
2012 年	主持《开讲啦》(第二季)
2017 年	加盟《奇葩说》(第四季)担任导师
2018 年	参加综艺节目《吐槽大会》

(二)公益活动提升品牌形象

2011 年,张泉灵参加了 2011 第二届瓷娃娃全国病人大会。瓷娃娃是一种罕见的遗传性骨疾,担任“爱的分贝”副理事长的张泉灵表示,现代慈善应当具备相当的规模和有效的管理措施,从而在根本上改变整个社会对特殊群体的认知。2018 年 5 月,在 DaDa(哒哒英语)发布

图 6-13　2017 年张泉灵被授予中国传媒大学客座教授

会“Let's love and move”论坛上，针对公益事业她又提出一个观点：商业企业也可以做有效公益，希望更多的企业共同参与，积极、主动地履行社会责任，关注特殊群体。①

（三）大学课堂分享创业经历

2017年，张泉灵在中国传媒大学中国广告博物馆做了题为《内容创业与投资》的演讲。在两小时的时间里，张泉灵分别从创业者与投资者的角度就互联网效益对内容创业的重要性、互联网对内容生产行业的变革以及投资者辨析内容创业项目的视角等进行了生动地讲述，并对现场提问做了精彩的回答。

（四）新媒体传播增加用户互动

在新媒体传播层面，张泉灵本人的微博认证为紫牛基金创始合伙人，粉丝量为1,392万人，阅读人数大于1,000次，互动数为300人左右，其发布的内容比较丰富，多为生活方面的分享与感悟、公益宣传以及微博视频等。名为“泉灵记着”的微信公众号共有12篇原创文章，发布时间不固定，内容大多为宣传紫牛创业营、慈善活动以及张泉灵关于教育的感悟。该公众号下方设置“冷知识”“奇葩问答”等栏目。

① 百佳传媒.张泉灵力挺人人公益，助力不凡生命[EB/OL].(2019-09-24)[2019-12-02].http://baijiahao.baidu.com/s? id=1645561962881818270&wfr=spider&for=pc.

第七章　创新创业时代涌现中国影响力女性

案例一　贾军：东方爱婴咨询有限公司创始人、董事长

图 7-1　贾军

中国早教行业的先驱者。

一、品牌故事

贾军，毕业于长江商学院 EMBA，是东方爱婴咨询有限公司(下称东方爱婴)的创始人、董事长。她将国际最前沿的孕育理念引入中国，结合中国独有的生育文化，研发出了中国第一个精心分龄、系统进阶、多媒体互动的抱抱熊家庭互动早教产品体系，为中国家庭带来了全新的育儿模式。

(一)创业萌芽

1998 年 1 月，北京尚处在寒冷的冬日中，贾军和一些朋友聚会。其中，有位宝宝刚刚 6 个月的年轻妈妈，向朋友倾诉着养育宝宝的各种困惑。尤其是关于宝宝的早教问题，让这位初为人母的女性苦恼不已。看着这位愁容满面的朋友，从小喜欢孩子的贾军感觉心里有一簇火苗开始燃烧。

不久，贾军赴美国出差，在与当地朋友的闲谈中聊到了美国妈妈的育儿体验。

“当时我就震撼了，中国妈妈和美国妈妈在谈到这个问题时，脸上完全是不同的表情。”贾军参观了美国的社区，发现社工热情友好，志愿者细心周到。“美国妈妈的脸上写满了幸福和愉悦，这让我联想起很多中国妈妈脸上焦虑、无助的神情。”①这两个画面始终影响着她，至此，贾军开始涉足儿童早教。

在中国，大大小小的各种机构，学什么的都有，难道没有教育 0—3 岁宝宝的专业机构吗？带着满腹疑问，也带着对孩子的无私关爱，从自学、阅读海量国内外早教巨著到自费前往美国进行早教考查，贾军深感国内早教领域软硬环境的落后。回想起朋友怀中的宝宝那天真无邪的眼睛，贾军的心无法平静下来，她开始思考如何让婴幼儿早教在中国生根发芽。正是这份对孩子无限的关爱，最终让贾军毅然投身于婴幼儿早教这份事业。

（二）深耕早教领域

“要做一个行业，首先要了解行业知识。”贾军花 4,000 元买来大量的专业书籍，一本一本地慢慢啃。她拜访了 7 个领域里的资深专家，这些国际前沿学科的带头人给了贾军更加开放的视野。结合国外的知识，贾军发现中国的文化对于早教有自己独特的理解。“我期望结合中国独有的文化精髓，在世界早教舞台发出中国声音。”②

本着探寻“0—3 岁婴幼儿为什么需要早教以及如何教育他们”这个问题，1998 年 10 月，贾军一手创立的东方爱婴诞生了。1999 年 3 月 16 日，北京东方爱婴正式开始营业，设立于国家奥林匹克体育中心的第一个婴幼儿早教中心也正式启动。自此，中国 0—3 岁婴幼儿早教行业从东方爱婴开始有了新的变化。

东方爱婴是第一个在国内提出 0—3 岁早教细分市场这一概念的公司，可是当时接受的人寥寥无几。创业之初，有一位年轻的妈妈带着 10 个月大的宝宝来报名，而就在交费的第二天，孩子的奶奶便找上门来，要求退款。孩子的奶奶觉得，既然自己能培养出研究生子女，那么 10 个月大的孙子当然不在话下，凭什么把钱交给别人？“你需要耐心地向家长证明，早教是必要的。”贾军不急不躁，用了两个小时，给孩子的

① 李玥.贾军：守护摇篮里的梦[N/OL].中国青年报，2013-04-16[2019-06-21].http://zqb.cyol.com/html/2013-04/16/nw.D110000zqnb_20130416_3-06.htm.

② 李玥.贾军：守护摇篮里的梦[N/OL].中国青年报，2013-04-16[2019-06-21].http://zqb.cyol.com/html/2013-04/16/nw.D110000zqnb_20130416_3-06.htm.

奶奶看了大量的图片和视频资料，详细介绍了东方爱婴的早教理念。老人听完后，满意地向贾军道谢。初期，早教的理念不为市场所接受，东方爱婴连续亏损。但在贾军眼里，这是个“不会退休的行业”，因此她从没想过要放弃。

东方爱婴自2007年以来保持以每3.6天新增一家早教中心的速度发展着，平均每家早教中心为社会解决8个就业岗位。截至2008年12月，东方爱婴在全国已经提供了超过2,000个就业岗位。截至2009年8月，东方爱婴已经由当初的一间教室发展成为拥有10个直营城市、管理5大公司、加盟连锁全国160多个城市300多家早教中心的中国第一婴幼儿早教品牌。推动中国婴幼儿早教事业的不断前进和发展，是贾军和东方爱婴人心中生生不息的火焰。东方爱婴成立10年后的一天，贾军在北京宜家的儿童游乐区被几位家长认出。妈妈们围上来，争先恐后地向她描述宝宝上完早教班后快乐的模样。贾军说：“能够帮助更多的宝宝快乐地成长，我会觉得自己做的事情很有意义。”

图 7-2 东方爱婴北苑中心图片

2013年，贾军获得“10年中国教育企业领袖人物”的荣誉称号，获奖后她接受了腾讯教育(微博)的采访。她说：“感谢腾讯给了我们这样的机会。东方爱婴的10年见证了中国婴幼儿早教行业的发展。今天拿到领袖人物奖，侧面见证了东方爱婴的发展。另外，这个奖项也对我们寄予了更大的期许。对于未来，我也期待用更多的激励来面对挑战，能够在行业中继续领跑，真正树起行业标杆，让更多孩子能够健康、快乐地成长。”

2015 年,东方爱婴多了 200 多位创业伙伴,全国多了 200 多家东方爱婴婴幼儿早教中心。贾军下一步准备建立自己的自媒体频道,通过视频、音频,把东方爱婴的教育理念、教育方法、教学工具等传进千家万户,让更多创业者走进东方爱婴。

图 7-3　贾军在 2017 年东方爱婴年会

(三)扩展行业版图

2017 年 1 月 17 日,政协北京市第十二届委员会第五次会议进行的第 4 天,北京政协委员、东方爱婴创始人贾军做客 2017 北京两会北青网直播间,针对她所从事的婴幼儿早教行业谈了两个方面的问题,一是自己持续关注的 0—3 岁婴幼儿日托中心规划的问题,二是自己在母婴行业最关注的三个方面。其中,对于日托中心规划的问题是她 2017 年两会提案的密切关注点。放开二胎政策已经实施了一年,带孩子难已成为一个非常普遍的问题。贾军做了大量的调研,发现 60%以上的人担心生了孩子以后没有人带。她说,大概 35 年前,很多企事业单位大楼里边都有一个日托中心,但随着计划生育的开展,这些日托中心渐渐消失了。而在 2016 年的出国走访调研当中,贾军发现国外很多家庭都有两个甚至三个以上的孩子,这些孩子主要受到基于家庭的日托中心和社区的支持。其中,基于家庭的日托中心,是由相关行业协会认证的老师在自己家里办日托,这个老师必须在住宅面积、家庭环境和配套设施达到一定标准的情况下,将信息公示在网站上,社区里面有需要的家长在充分了解老师后,在网上提供资料,约定好时间,把孩子送到这个老师家里。

贾军所创立的抱抱熊日托机构在基于家庭的日托方面做出了很好的尝试。抱抱熊日托中心是东方爱婴旗下的一家全方位日托中心，既有借鉴蒙特梭利教学法的托班课程，又有依托于中科院儿童发展测评的亲子课程。贾军在17年的教育经验基础上，对教育资源和方法进行了本土化的有效整合，强化了家庭与幼儿园的衔接工作，帮助幼儿更好地适应早托班及未来幼儿园的生活。

基于调研结果和多年的从业经验，贾军提出两个建议：第一是要在社区规划中，除了规划幼儿园、小学和中学以外，还应该把0—3岁的婴幼儿日托中心规划进去；第二是在整个中国的教育体系里面，也需要把0—3岁的婴幼儿教育群体规划到整个教育体系里。有了这个0—3岁婴幼儿日托中心的规划之后，谁来从事日托中心的工作，从业者需要具备什么样的资质和资格等一系列操作都应该接受政府的指导和监督，在行业透明的情况下制定行业的标准、评价和考核体系，尤其是日托中心的老师，应该接受完整的学习、训练和认证。由此，抱抱熊日托中心不仅有庞大的师资阵容，还有完善的培训体系。抱抱熊日托中心的老师秉承着"老师即母亲"的价值观，让宝宝亲近自己，让父母踏实、放心。贾军在直播中还建议可以充分利用社会工作者，因为他们本身素质比较高，也乐意从事婴幼儿的早教工作。此外，如果社区里的服务中心、公共物业的场地能够调剂出来，那么也可以缓解日托中心的用地压力。当然，日托中心的建立和完善还有一条很长的路要走。但毫无疑问的是，一个专业的日托中心必将成为很多二胎家庭、职场妈妈的新选择，缓解很多家庭带孩子难的压力，帮助解决"二孩"的后顾之忧。

二、个人品牌定位

贾军的兴趣源自对母婴领域的热爱，她抓住了0—3岁婴幼儿早教市场的空白，积极学习国内外的相关知识，打造了一线的婴幼儿早教品牌。贾军认为，中国的婴幼儿早教虽然发展晚，但发展的速度最快，品类最多。未来，中国的婴幼儿早教会呈现以下的趋势和变化：一是中国的父母主力军是80后和90后，因为他们是在中国变革下长大的，所以他们对教育的需求和理解会变得更加多元化；第二是随着大环境的变化，如互联网发展，未来的教育一定会结合互联网技术的应用，让孩子和家长得到更加完美的教育体验；第三则是伴随中国婴幼儿早教15年的发展，会有更多的东西逐渐回归教育的本质，即对儿童的尊重。

图 7-4 贾军所著书籍

三、个人品牌识别

(一)理念识别

贾军认为婴幼儿早教有两个模块,第一,是对儿童本身的理解和研究。一切教育的前提是尊重儿童,满足儿童身心发展的需要。第二,对于新手妈妈来说,婴幼儿早教是一门科学,有专业性和系统性等特点。爸爸妈妈本身的教育理念对孩子的影响以及对教育生态环境的建设,才是婴幼儿早教真正的本质。如果忽略了对儿童身心发展的尊重,忽略了整个教育生态环境的建设,那么婴幼儿早教是孤立的。

贾军建议,不要把自己的想法强加给孩子,一定要站在孩子的角度思考。孩子需要什么,就想办法去创造满足他们需要的教育生态,而不是家长要什么就给孩子创造什么。

图 7-5 贾军参与新浪 2018 中国教育行业论坛——学前教育行业论坛

(二)行为识别

2003年,东方爱婴与美国PAT国家中心签署合作协议,引进翻译380万字的PAT文献资料,基于这些大脑神经科学最新的研究成果,贾军结合中国婴幼儿身心的发育特点,推行了本土化的研究。她还开创了将特许经营模式引入婴幼儿早教行业的先河,用特许经营的合作方式,将已成功的运营模式推广至全国。

贾军于2006年主持策划、主编并出版了《中国父母亲职教育方案》和《和抱抱熊一起玩》共41册丛书,为中国0—3岁的婴幼儿父母提供了完整的家庭教育方案。她率领东方爱婴母婴研发中心团队设计研发出了中国第一个精心分龄、系统进阶、多媒体互动的抱抱熊家庭互动早教产品体系,为中国家庭带来了全新的育儿模式。

(三)形象识别

贾军梳着一头淡黄色短发,衣服的颜色多为白色、红色、粉色,造型以裙装为主,显得干练又不失温柔。

四、个人品牌传播

贾军拥有新浪微博账号和新浪博客,在宣传企业的同时也分享自己的生活。此外,她还建立了tag#科学育儿小知识##育儿小妙招##懒人育儿宝典#等话题,积极分享相关内容,还获得过微博“2016十大影响力育儿大V”的称号。

案例二　胡玮炜：摩拜单车创始人

图 7-6　胡玮炜

电子商务创新新锐人物，新时代创新创业青年女性。

一、品牌故事

胡玮炜，1982 年出生于浙江东阳，毕业于浙江大学城市学院新闻系，是摩拜单车的创始人。2004 年，胡玮炜毕业后进入了《每日经济新闻》经济部，成为一名汽车记者，后来又先后供职《新京报》、《商业价值》、极客公园做科技报道；2015 年 1 月，她创办了北京摩拜科技有限公司；2016 年 4 月 22 日，摩拜单车正式上线；2018 年 12 月 23 日，胡玮炜因个人原因辞去摩拜单车首席执行官职位，于同年 12 月 29 日任 WKUP 单车董事。

（一）成长背景

胡玮炜 9 岁那年发现自己名字中的“玮”是玉的意思，象征着贵重与美好，觉得有点俗，于是把第二个“玮”改成了“炜”，意为光明。小小年纪就有了自我掌控的意识，胡玮炜算是自我觉醒比较早的人。她在创办摩拜单车声名鹊起之后，时常会回想起童年、青年时代关于单车的记忆。比如，胡玮炜小时候收到的第一件礼物是一辆自行车，她给它取名为“紫衫龙王”；她刚到上海的时候，口袋里只有 1,200 元，租完房子后，用剩下的钱买了一辆自行车；在胡玮炜的幻想里，她应该有一个机器猫的口袋，能够随时掏出一辆自行车骑，让总丢自行车的悲剧不再重演。

高中，当所有人还在为选专业而苦恼时，胡玮炜将所有的志愿都写上了新闻系。她的偶像是被誉为世界第一女记者的法拉奇，这位传奇女性在二战前参加过游击队，后来成为一名战地记者,被枪击过 3 次,还采访过那个时代全球最顶尖的政治家。[①] 2004 年,胡玮炜毕业了,进入《每日经济新闻》经济部成为一名汽车记者。之后,她北上到了北京的《新京报》,后又跳槽到了《商业价值》和极客公园做和汽车相关的报道,这一干就是 10 年。她把少女最美好的时光都给了媒体,给了汽车。

和其他大学生一样,胡玮炜也是从 4 位数的月薪干起的,受互联网和新媒体的冲击,她的收入一直没有实现质的飞越。胡玮炜逐渐意识到,给别人打工并不能实现自己的梦想,媒体行业的低收入也让她认为自己的价值没有得到体现。人的一生能够有几个 10 年,难道真的就要这样虚度下去吗？她的心开始不安分了。很多人都说媒体人有个通病:会说不会做。但在汽车行业做了近 10 年媒体人的胡玮炜却刚好相反,她不是个很能说的人,更不会忽悠,她想到什么就一定要去做。胡玮炜说:“其实我不是一个特别有野心和企图心的人,但我是那种——如果我心里有一个想法的话,那么它就像种下了一颗种子,然后不断地发芽。如果我不去做的话,我可能无法接受,所以我就一直不停地 push 自己做这件事情。”[②]

大概在 2013 年年初的时候,胡玮炜参加了美国国际消费性电子展览会,这次展览会给了她极大的冲击。[③] 但她更多得到的是一种启发——人与汽车的交互,汽车与汽车的交互以及未来的交通出行。当时她就有一种非常强烈的感觉,那就是未来汽车可能会发生很大的变化。回来以后她跟当时的老板说,未来的交通行业肯定会发生巨大的变化,她想做一个关于汽车和科技的小栏目,由她自己来负责。但她最后没有说服老板,所以干脆辞职,自己做了一家公司,取名极客汽车。

(二)创立摩拜

胡玮炜在《一席》的演讲中谈道:“有两次,一次在杭州,一次在瑞典的哥德堡,我都看到了公共自行车停在路边。两次都是接近傍晚的时候。我就想,其实在城市里骑车游荡还是非常舒服的,我就使劲地想知道我该怎么来租这个车。我不知道去哪里办卡,也不知道去哪里交押金。那个停车小亭子,我用信用卡塞了半天也租不上

---

① 百略网.一路躺赢胡玮炜[EB/OL].(2018-12-23)[2019-05-19].http://www.twoeggz.com/news/12725265.html.

② 粥左罗喵爷.摩拜单车创始人胡玮炜 32 分钟演讲:为什么做出摩拜的人是我？[EB/OL].(2016-12-26)[2019-08-09].https://www.digitaling.com/articles/33604.html？from=groupmessage.

③ 江文.胡玮炜:一切只是新的开始[J].商业文化,2018(10):14-17.

车。”这两件事在她的心中种下了共享单车的种子。

2014 年 11 月的一天，她迎来了人生中一个重要的转折点。这一天，胡玮炜牵线，把一个叫陈腾蛟的汽车设计师介绍给了易车创始人、出行领域知名投资人李斌。陈腾蛟那时正打算创业，计划做一款高颜值、智能助力的自行车，目标消费者是个人。但李斌对个人自行车不感兴趣，他认为做一个可以随处借、手机扫码就能走、骑一次手机上付一块钱、用完随处停的自行车项目更有意思。李斌还给这种自行车项目取了一个名字叫 mobike(mobile 和 bike 的合成词)，中文名“摩拜”，取顶礼膜拜的谐音。李斌还设想，这种自行车要一夜之间布满北京城，使之成为媒体关注的焦点。陈腾蛟对李斌这个主意不置可否。他已经听过类似的思路了——产品免费、卖服务，但他没听说有哪家创业公司可以这样赚到钱。于是李斌对胡玮炜说：“胡玮炜，不如你去干吧。”胡玮炜听了这句话后，有一种立刻被击中了的感觉。她马上就说：“我可以做这个。”机会就是这样，当很多人都觉得是机会的时候，那一定不是机会，而是危机，只有在被人看不懂、看不起、不想做、不敢做的时候，机会才真正地到来。这样看来，“机会永远属于冒险者”这句话也不无道理。

怀着激动的心情，胡玮炜把这件事情告诉了极客公园的创始人之一张鹏。令人意外的是，张鹏给胡玮炜泼了盆冷水：“你疯了吧，这是一个太大的坑。”胡玮炜反击道：“不是你教我的，要相信‘相信’的力量吗？”而张鹏却告诉她：“姑娘，我其实还有一句话没有跟你说，除了要相信‘相信’的力量，你还要学会敬畏计算的力量。”[①]但胡玮炜没有因为张鹏的话而就此止步，相反，她拉着陈腾蛟一起踏上了一个新征途。

图 7-7　摩拜单车轻骑版图片

作为摩拜单车的创始人，胡玮玮面临过很多质疑。记者出身的她，没有研发硬件、软件的背景，也没有做过系统。一个年轻的女记者，真能带着公司做到这件事情吗？这似乎怎么看都不靠谱。胡玮炜在《一席》演讲中说：“我可能比较轴，我会主动

---

① 江文.胡玮炜：一切只是新的开始[J].商业文化，2018(10)：14-17.

过滤掉所有跟我说不靠谱的话，你说做不到，我现在没办法证明，但我最后会做出来给大家看。”

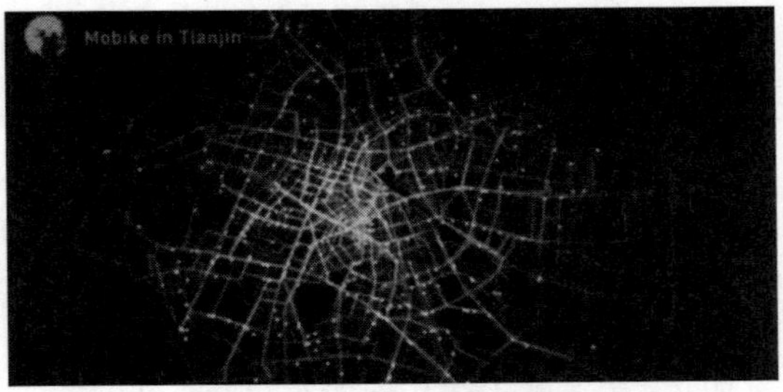

图 7-8 摩拜大数据人工智能平台

2016 年 9 月 1 日，摩拜单车正式进军北京，胡玮炜将新品发布会的场地选在了箭厂胡同里的翰林书院，主题是“让单车回归城市”。在一个老胡同举行新品发布会这样的事也许显得胡玮炜不像一个合格的商人，但她确实可以精准地撩拨人的情绪。在抒情这一点上，胡玮炜最大限度地发挥了自己的特长。发布会当天，一位到场记者说，他完全想不起来胡玮炜在发布会上讲了什么，但他对体验骑单车的感觉记忆犹新：“那天是北京最美的秋天，在静谧的老胡同骑上一圈，厚厚的落叶咔咔作响。”在胡玮炜巧妙地营造下，“摩拜”两个字和“文艺”“美感”“享受生活”紧紧联系在了一起。

艾瑞咨询的数据显示，截至 2016 年 11 月，摩拜单车的月活跃用户量已达 512 万人。2016 年 12 月第一周，摩拜单车的周活跃用户量达 440 万人，周总有效使用时间为 51.7 万分钟。这在某种程度上印证了胡玮炜当初的坚持——运用无桩、GPS 定位系统、二维码解锁等方式是正确的，因为只有处理好用户体验、车辆管理和平台运营，才可以满足用户、获得较高的用户黏性。从成立摩拜的第一天起，胡玮炜就买下了 mobike.com 的域名，很快进行了商标认证，足可见她的远见和当时就想要发展国外市场的决心。

(三)重新开始

摩拜单车作为一个创业公司，最为高光的时刻是在 2017 年 12 月举行于浙江乌镇的第四届“世界互联网大会”上。在“世界互联网领先科技成果展发布活动”论坛上，摩拜单车杀出重围，获得了世界互联网领先科技成果奖。然而，即便风光无两，共享单车行业还是迎来了寒冬。在一系列关于摩拜单车与 ofo 小黄车合并的传谣和辟谣中，2018 年 4 月，摩拜单车被美团以 27 亿美元的价格收购。

当时，面对外界的质疑，胡玮炜说：“我愿意积极看待一切。谢谢所有人把我们捧到改变世界的高度，也谢谢大家对摩拜的重新审视。并不存在所谓的‘出局’，在我看来,一切都是新的开始。很多人都把摩拜单车看成出行工具,实际上我一直说它是'美好的生活方式',帮助每一位用户回归简单、本质、健康、绿色的生活方式,不过分地追求物质。Live better 也是美团的愿景,在这一点上我们有巨大的想象空间。"①作为摩拜单车的创始人,胡玮炜将继续与摩拜单车并肩前行,推动全球更多的城市回到自行车轮上。她表示:"摩拜单车的初心一直未变,一切才刚刚开始。每一位摩拜单车员工都需要保持耐心,持续做好基本功,更好地融入美团。而对于美团,摩拜单车也积极拥抱、心怀感恩,因为只有这样,才能协同成为一个更强的有机体,我相信摩拜单车会越来越好。"

图 7-9 2017 年胡玮炜参加专家学者和企业界人士座谈会

2018 年,中共中央政治局常委、国务院总理李克强主持召开专家学者和企业界人士座谈会,听取《政府工作报告(征求意见稿)》的意见建议。李克强对胡玮炜的细致提问始终围绕着虚拟经济和实体经济以及新旧动能的转换。他关心自行车制造材料,也询问相关的互联网技术。话毕,李克强对胡玮炜说道:"谢谢你,给我们带来了一股春风。"②胡玮炜的创业经历恰恰印证了狄更斯所说的那句话:"这是一个最好的时代,也是一个最坏的时代。"这个时代好在如果自己有一个好的想法,有勇气付诸实践,那么资本就会把你推到一个想象不到的高度。胡玮炜的勇气让她抓住了属于自己的机会。

---

① 投行圈子.胡玮炜离职背后:一个互联网造富假象的破裂![EB/OL].(2018-12-24)[2019-04-06].https://caifuhao.eastmoney.com/news/20181224180603630021270.

② 东阳草根新闻.东阳美女 CEO 胡玮炜 32 分钟演讲!在总理对面畅谈梦想[EB/OL].(2017-01-20)[2019-07-24].https://www.m.sohu.com/a/124795409_532911/? pvid=000115_3w_a.

二、个人品牌定位

胡玮炜作为一名创业者，有着一定的公关能力，自己也成为公司的“情怀创始人”。这种大打情怀营销牌、“润物细无声”的公关，为摩拜单车省下了一大笔推广费。在企业的管理层中，与大多数男性不同，胡玮炜并没有那么多熊熊燃烧的战斗气质，她反而更像一个组局者。对于摩拜单车，她持成全的态度，将更多的“大神”集结在一起并规避彼此之间的利益纠纷。在很多人固有的思维模式中，慈不掌兵、义不行贾几乎是天经地义的道理。残酷的商业战场是容不下理想主义的，更容不下感性、温柔、文艺等字眼，运筹帷幄、弱肉强食才是它永恒的主题。但胡玮炜并非如此，她很感性，在你死我活的资本争夺中活出了自己。

熊猫资本合伙人、摩拜单车的早期投资人李论说，胡玮炜的商业直觉很准，这是他们当时最为看重的地方之一。从目前的情况来看，摩拜单车经典版还没有需要回收的车辆，lite 版虽然有部分单车需要回收，但也没有到彻底用不了的程度。摩拜单车的成功也许得益于胡玮炜 10 年的记者生涯。正如她本人所说：“做记者对突破力要求挺高的，独立完成一件事情的能力要有，整合资源的能力也要有，还要具备一定的常识和逻辑能力。这些对创业有帮助。我的组织能力的确比较弱，但这些都可以学。”①

三、个人品牌识别

（一）理念识别

从 2015 年创立至今，摩拜单车一直以“让自行车回归城市”为使命，坚持不懈地努力着。摩拜有一个口号：骑行改变城市。也就是说，骑摩拜单车这件事情，其实是能够让所有人有骑自行车出行的意识，我们的城市可以规划得更加适合骑自行车出行。②

---

① 创业邦.被资本疯抢的摩拜，也曾靠民间借贷续命……光鲜背后你不知道的胡玮炜[EB/OL].(2017-03-09)[2019-06-02].https://www.cyzone.cn/article/158438.html.

② 何文琳.“膜拜”单车的女孩胡玮炜：让我们的城市生活更美好[EB/OL].(2017-03-29)[2018-04-01].http://xmwb.xinmin.cn/campus/html/2017-03-/29-content_5_1.html.

在中央广播电视总台王牌财经节目《对话》上，胡玮炜说，公司的人不叫自己胡总，也不叫玮炜，“他们都叫我胡阿姨”。她一字一顿地说出，有点迟钝的可爱。不管有意无意，胡玮炜一直对外释放着这样一种形象信息：简单、感性、真诚。她不打美女总裁的人设，而把文青人设立得很稳。一句“如果这次失败了，那就当做公益吧”火遍全网。当 ofo 小黄车还在斥巨资请鹿晗当代言人的时候，胡玮炜已经不花分毫地成为全民膜拜的“情怀创始人”。她在自己擅长的领域里，将能力发挥到了极致。

(二)行为识别

图 7-10　2017 年胡玮炜在《一席》演讲

李斌曾测算，如果摩拜单车可以造出在户外风吹日晒下 4 年零维修的自行车，就能有效控制成本。但在当时的情况下，一辆质量合格的自行车，在正常保养的前提下寿命也就 3—5 年，胡玮炜不是技术人才，但她必须要解决这个问题。胡玮炜找到了王超，软磨硬泡下，王超答应亲自操刀设计摩拜单车。事实证明，王超设计的实心轮胎自行车，的确为摩拜单车节省了大量成本。除了求助于王超之外，胡玮炜还找来了前摩托罗拉的工程师杨众杰，为摩拜单车设计智能锁。初步设计完成后，胡玮炜又三顾茅庐，请来了刚从日本回国的徐洪军。徐洪军加班加点对摩拜单车的设计进行了优化，以方便其量产。再遇瓶颈时，王晓峰出现了。王晓峰曾担任 Uber 上海的总经理，在宝洁、谷歌、腾讯等大公司都有任职经历。他一方面多方洽谈，提高摩拜单车的使用率；另一方面，敦促研发、管理日常运营。王晓峰的加入，加快了摩拜单车成长壮大的速度。

胡玮炜在强手如林的格局里扬长避短，找到了自己最合适的位置，成全了公司，也成全了所有人。在摩拜单车发展初期，能号召那么多大神加入，是胡玮炜多年来人脉积累的结果。更重要的是，通过她出色的外交能力，摩拜单车避免了创业公司常见的利益纠纷。

(三)形象识别

胡玮炜说话平实，打扮简单。她不是技术出身，被周围人定性为“文艺女青年”。她坚持不懈地找到了许多被判为不存在的技术方案，造出了在技术上独一无二的摩拜单车。她没有狼性和霸气,被同事叫作“胡阿姨”。

四、个人品牌传播

胡玮炜大方接受媒体采访,受到很多关注。2017 年 3 月,胡玮炜参加由董卿主持的中央广播电视总台优质节目《朗读者》,朗诵作家苏童的《自行车之歌》。2017 年 6 月,胡玮炜参与录制中央广播电视总台王牌财经节目《对话》;同年 9 月,胡玮炜又参与录制另一档节目《人物》。她不仅上财经节目,而且参加综艺节目,其影响力早已突破财经圈,使她成为名副其实的公众人物。胡玮炜的个人形象对于摩拜单车的品牌宣传有着天然的益处,她的聪明之处或许在于:她放大了自己在个人形象上的优势,使之成为一种重要的社会影响力。①

① 小零.“套现 15 亿”的摩拜胡玮炜:就算是花瓶又怎样? [EB/OL].(2019-05-24)[2019-09-06].http://www.shou.com/a/316233393_201359.

案例三　Papi 酱:短视频 MCN 机构 papitube 创始人

图 7-11　Papi 酱(姜逸磊)

自媒体网络红人,papitube 创始人。

一、品牌故事

Papi 酱(本名姜逸磊),1987 年 2 月 17 日出生于上海,2005 年考入中央戏剧学院导演系,2016 年中央戏剧学院导演系硕士研究生毕业。

(一)成长经历

2005 年高考时,虽然 Papi 酱的父母不是很希望她以艺考的方式上大学,但是她凭借女子吹奏乐团的萨克斯为高考加了 20 分,从上海市第三女子中学顺利考入中央戏剧学院导演系。

2015 年初,Papi 酱跟大学同学霍泥芳开始用名为“TCgirls 爱吐槽”的微博账号发表短视频,此时她完全抛开美女包袱,以浮夸的表演博得网友的关注和点赞。同年 7 月,该微博账号陆续发布秒拍和小咖秀短视频,内容都是相对常见的无厘头和恶搞视频。8 月,她在个人微博上试水,发布了嘴对嘴小咖秀、“台湾腔+东北话”等一系列秒拍视频。其中,她发布的短视频《男性生存法则第一弹》在微博上获得 2 万多次转发、3 万多次点赞 ;之后又推出了《日本马桶盖》《男女关系吐槽》《烂片点评》《上海话+英语》等系列视频。10 月,她开始利用变音器发布原创短视频内容 。

2016 年 4 月 21 日,Papi 酱与罗辑思维创始人罗振宇、杨铭等合伙人对 Papi 酱第一次广告进行拍卖,最终以 2,200 万元的价格卖出。随后,她与合伙人杨铭一起将这笔钱捐给了母校中央戏剧学院。同年 3 月,Papi 酱获得了 1,200 万元的融资;6 月 16 日,Papi 酱获得了超级红人节微博十大视频红人奖 。2017 年 3 月,Papi 酱运作的公司“春雨听雷”股权结构发生变更,被并入坐拥 Angelababy 等演员的经纪公司“泰洋川禾” 。

(二)何为网红

网络红人(下称网红)是2016年重要的流行文化之一。据《2016中国网红经济白皮书》统计,目前我国拥有超过100万人数的网红,其大致可以分为4种类型:视频直播网红、自媒体网红、新闻事件网红以及作品创作网红。其中,首先占主流的是视频直播网红,占比达到35.9%,这主要是因为各大巨头与互联网企业都致力于发展视频直播业务。其次是自媒体网红,占比为27.3%。自媒体类型的网红以时尚达人、旅行达人、美食达人、段子手等为主要群体,他们通过微博、微信等自媒体平台进行传播,聚拢数量庞大的粉丝。再次是新闻事件网红,占比为18.2%,这类网红通过某个新闻事件在短时间内吸引大量网民关注,但由于缺乏明确的发展方向和专业的运营团队,生命周期普遍较短。最后是作品创作网红,占比为11.6%。此类网红的出现,拓展了网红的内涵和外延:此前,人们对网红的概念仅限于"外貌出众"和"擅长推广和宣传",而创作型网红的涌现则让网红的概念逐渐从"人"和"物"延伸到"个性化品牌"层面。①

随着社交应用领域的竞争日趋激烈,为了吸引用户导入流量,各应用平台采用了在技术层面开发视频、在内容层面布局网红资源的策略。继图文、语音之后,短视频的用户原创内容生产(user generated content,简称UGC)开始兴起,其"拍摄+实时编辑+分享"的方式受到了用户青睐。可以说,短视频应用为网红提供了便利的内容载体和生产手段。百度指数显示,2015年12月,网民对网红的关注度首次超过了明星,网红一次次成为舆论旋涡的中心。新媒沈阳发布的《网红的灿烂与虚浮》显示,截止到2016年4月1日,以"网红"为主题的微博讨论量超过5.3亿次,相关新闻报道超过400多万篇,上亿级别的涉及网红的网页被收录并阅读。这些惊人的数据都昭示着网红这一现象获得了用户的高度关注。2016年最受关注的网红Papi酱在视频制作的内容主题、表演风格和剪辑制作等主要方面逐渐呈现出了品牌化、人格化等特征。② 在清博新媒体团队公布的《2016网络红人排行榜》中,Papi酱位居榜首。这位"集才华与美貌于一身"的中央戏剧学院导演系学生,话题热度居高不下。③

① 恽嘉欣,韩笑,宋永琴.新闻报道中的网络红人媒介形象研究:以门户网站对Papi酱的报道为例[J].东南传播,2016(11):13-15.

② 李天昀.社交应用变迁背景下的"网红"传播与生产机制[J].艺术评论,2016(7):19-26.

③ 恽嘉欣,韩笑,宋永琴.新闻报道中的网络红人媒介形象研究:以门户网站对Papi酱的报道为例[J].东南传播,2016(11):13-15.

(三)成功原因

现如今,网络是青年人的天下,对网络吐槽文化接受度最高、受其影响最大的也正是青年人。网红用客观、直接的话语针砭时弊时所表达出来的正确但不生硬的世界观与价值观深深地吸引着青年人。① 最初,Papi 酱在微博上传的视频并没有引起广泛的关注,于是她开始转战美拍、秒拍、小咖秀、AcFun 弹幕视频网和 Bilibili 弹幕视频网等平台,以期引起更多年轻粉丝的关注。当这些平台的粉丝数达到一定规模时,更大面积和范围的分裂式网状传播开始形成。Papi 酱在垂直社交平台上积累了一定量的粉丝与关注度后再转战微博、微信等综合性强的社交媒体平台,终于引起了全网热潮。

总结 Papi 酱受欢迎的原因,可以归纳出以下几点:

1.话题击中年轻人心理

早在 2015 年 10 月,Papi 酱就开始在网上上传原创短视频。她的视频主题贴近生活的时下热点,首先产生爆发效应的作品是《男性生存法则》系列,吐槽女生在谈恋爱时让男生抓狂的言行,深得年轻人喜爱。此后,Papi 酱对单身节、微信、春节回家、女人贬损女人等现象的吐槽视频,也都获得了大量的点赞与转发,每个视频累积有几百万次的观看量。② Papi 酱的视频选题从生活、娱乐到两性关系都有所涉及,她同时紧密结合时下热点,在几分钟的短视频内设置多个贴近年轻受众的“梗”或“槽点”,更加直接地满足了年轻群体对娱乐视频的需求。Papi 酱的内容选题常常会根据粉丝的要求而做出调整。2016 年春节,Papi 酱用东北话录了一期名为《春节回家七大姑八大姨必问》的小视频,在排名前三的评论数和点赞数中,均是粉丝要求用自己的家乡话来说,随即 Papi 酱就播出了四川话、上海话等不同版本。③ Papi 酱对日常生活各现象的吐槽、贴近受众的槽点、优质的段子内容都深深地触及受众的内心,让受众能产生极大的共鸣。

概括地说,Papi 酱提供的视频内容主要分为三类:一类是搞笑模仿,代表作是《上

---

① 方贤洁.浅析自媒体时代网络红人的话语权建构:以网络红人“Papi 酱”为例[J].新闻研究导刊,2016,7(8):64-65,106.

② 周星.网络吐槽现象的正反观:观察 Papi 酱的网红现象[J].人民论坛,2016(13):90-91.

③ 吴小飞. 网红经济的内容生产研究:以 Papi 酱、张大奕、小智为例[D].合肥:安徽大学,2017.

海话+英文》《用台湾腔说东北话》等；第二类是贴近用户生活系列，包括《男性生存法则》《有些人一谈恋爱就招人讨厌》《少年们，勇敢面对双十一》《马上要过春节了，你准备好了吗》等；第三类是与影视专业知识相关的题材，例如《2015 年度十大烂片最专业点评》《张总教你做综艺》《张总教你做电影》等。Papi 酱的选题角度符合移动互联网时代受众喜爱轻阅读的偏好需求，拉近了自己与观众的心理距离，犀利的吐槽让受众能获得情绪上的释放，Papi 酱最终打造出了属于自己的创作风格。①

值得注意的是，2016 年 4 月，Papi 酱建立了 papitube 视频内容平台。从已公布的内容来看，她的剪辑方式和演绎风格已经被很多人模仿，只要选题恰当，内容的有趣程度并不亚于 Papi 酱自己的视频。因此，Papi 酱未来需要更多地考虑其品牌化和人格化的发展途径。②

2.时长契合受众习惯

在移动互联网时代，手机成为人们获取信息、观看视频的主要方式。人们可以在移动的环境下使用手机，而这些零碎、分散的时间是较为短暂的，这决定了视频的内容要短小精悍。Papi 酱的视频时长大都在 5 分钟以内，在完整呈现内容的同时让受众注意力高度集中。在视频后期剪辑方面，Papi 酱展现了其专业性上的优势。她通过电音、反转、快剪辑等方式使视频具备敏捷、快速、创新的特点。在后期剪辑中，音频被变调，变声器让她的话语变得更流畅、更有趣。此外，4G 时代的来临，让人们离开 Wi-Fi 也能畅快地在线收看视频、图片。技术的进步，再一次为受众在移动时空里使用手机观看短视频提供了支持。

3.多角色的人物扮演

移动互联网正以迅雷不及掩耳的速度影响与改变着人们生活的方方面面。当前，人们可以借助各种自媒体自由发声，形成融合图文、音频等多种形态为一体的传播格局。再小的个体也有自己的品牌，每个人都可以打造自己的品牌。③

在 Papi 酱的视频里，我们不难发现，她经常变换造型和声音，一人饰演多个角色。一方面，这能让受众更好地明确角色的切换；另一方面，造型的改变也让受众保

①② 李天昀.社交应用变迁背景下的“网红”传播与生产机制[J].艺术评论，2016(07)：19-26.

③ 吴凤.自媒体时代的个人品牌传播：以 Papi 酱为例[J].西部广播电视，2016(5)：34，43.

有新鲜感，让节目更富趣味性。同时，多个角色的出现能更好地诠释主题，让各方代表现身说法，使内容更具真实感和代入感。①

我们作为社会成员，在自媒体时代既可以根据自己的需求和兴趣进行信息的再加工和二次传播，又可以有选择性地接收和理解其他信息，人们使用媒介的自由度得到了前所未有的提高。于是，网红话语权的建构给以下几个方面带来了影响：网红话语易构，权威难立；传播信息海量，把关难控；需各方平台共同协作才能成功辟谣。② Papi 酱作为网红代表，其自身传播也存在这些问题。

二、个人品牌定位

品牌定位指为某个特定品牌确定一个合适的细分市场，使商品在顾客心中占领一个有利的位置。当某种需要产生后，人们首先便会想到这个品牌。于 Papi 酱而言，这个品牌定位就是她通过短视频在受众的心目中留下的不可替代的个人形象，受众一谈起她，大脑中就会浮现出她夸张、有趣的表演和搞笑的表情——“我是 Papi 酱，一个集美貌与才华于一身的女子。”可以说，这既是她对自己的定位，又是一句品牌标语，这句话在 Papi 酱视频被大量播放的基础上深深地嵌入受众的大脑之中。③

图 7-12　2019 年 Papi 酱参加综艺《拜托了冰箱》

---

① 徐慧媛.从内容生产看网络红人“Papi 酱”走红的原因[J].西部广播电视，2016(4):15-16.

② 方贤洁.浅析自媒体时代网络红人的话语权建构：以网络红人“Papi 酱”为例[J].新闻研究导刊，2016，7(8):64-65，106.

③ 吴凤.自媒体时代的个人品牌传播：以 Papi 酱为例[J].西部广播电视，2016(05):34，43.

三、个人品牌识别

(一)理念识别

除了充满趣味性的选题之外,Papi 酱充满草根气质的叙事模式、极具个人风格的演绎方式以及其清新脱俗的形象为受众带来了新鲜感,拉近了她与受众的距离并增强了受众的角色代入感。从视频内容来看,Papi 酱的视频精确地定位在 80 后至 00 后群体,话题选择了社会热点和时代痛点,形成与受众共同关注的焦点。Papi 酱善于削弱自己的中心地位,将自己与互动仪式中的其他人联系在一起以建设群体团结。《让我们一起》《你有没听过》《难道只有我一个人觉得吗》,这种视频标题的起法无疑给了受众一个心理预设,即使受众本来没有那么深的共同感受,也会在这种号召性的文字下主动带入,产生共同的情感体验。①

(二)行为识别

Papi 酱的走红自有其呼应网络的独特性。作为吐槽红人中少有的女性,她的视频主题很多是女性自身的经历,她本人也自然有了女性代言人的味道。Papi 酱在人物形象和语言处理上的特殊吻合性——消瘦的锥子脸和犀利的语言相互映衬,利落的表达和略显刻薄的语气反映着她的个人形象,直入主题的干脆和不留情面,让她成为某种独一无二的象征。② 在语言方面,Papi 酱运用了短句子、陈述句、缩写、简单词、拼写倒置等网络语言表达方式,将复杂的内容进行了精简的提炼和浓缩。这有助于她在进行一个人的小剧场、一人分饰多角、在不同条件下转换身份或进行多重内心独白的表演时对角色的塑造。③ 网红吐槽既需要标新立异,又需要亲近常人的期望、满足受众所需的刺激,还必须敢于道出隐藏在人们内心的隐约的欲望,这些 Papi 酱都做到了——她打造出了一个在内容与渠道两个方面都有个性、成品牌的自媒体。

(三)形象识别

柯林斯说,在互动仪式中,人们都寄希望于寻找与自己符号资本相对等的对象进行交流和互动,因为彼此很快能够在"平等"的位置上得到情感的满足。Papi 酱在视

---

① 颜笑宇.网红与粉丝在微博中的互动仪式研究[D].重庆:四川外国语大学,2017.

② 周星.网络吐槽现象的正反观:观察 Papi 酱的网红现象[J].人民论坛,2016(13):90-91.

③ 李天昀.社交应用变迁背景下的"网红"传播与生产机制[J].艺术评论,2016(07):19-26.

频中既没有像其他网红一样浓妆艳抹,也没有选择绚丽高端的拍摄场景,一切都是那么的接地气。我们看到的是一个素面朝天、大大咧咧的开朗女孩在自己家里毫无顾忌的夸张表演。清新可人的正面形象让受众取得心理平衡,继而消弭隔阂感,不自觉地融入视频内容。

四、个人品牌传播

(一)多平台内容传播

Papi酱没有运用传统的摄像机来创作影视内容,而是去专业化,顺应快餐时代的潮流,以简单易操作的视频App自编自导自演,制作出了一个个短小精悍的小视频。Papi酱选择短视频这种内容体裁,无疑抓住了短视频流行的契机,视频内容承载了比图片和文字更多的信息量,可以更加完整地呈现表达场景,三四分钟的视频既能灵活地传播,又能牢牢地抓住受众的注意力。在秒拍收获大量粉丝后,Papi酱还积极将自己的视频发布到新浪微博、优酷、爱奇艺、微信等国内大型社交平台和门户网站上,这一点也是许多单一平台网红未能实现内容变现的重要原因。①

表7-1 Papi酱的核心内容总结

渠道	内容
微博博主	固定视频栏目:Papi酱的周一放送;“不定期更新放送”“突然更新放送”
广告视频	如荣耀手机“首席弹幕官”宣传“荣耀magic2”
直播	一直播、美拍、斗鱼直播、花椒直播、熊猫TV、百度视频、优酷直播、今日头条
综艺	《快乐大本营》、《2018奇葩说》(第五季)、《吐槽大会》(第二季)、《我为喜剧狂》(第三季)、《我家那闺女》、《拜托了冰箱》
电影	《妖铃铃》
推文	公司papitube
衍生品	Papi家的大小咪、Papi的小师妹T恤
实体活动	2016“年轻的选择”优酷盛典,2017YY盛典,粉丝见面会

① 颜笑宇.网红与粉丝在微博中的互动仪式研究[D].重庆:四川外国语大学,2017.

表 7-2 Papi 酱在各大视频平台的数据观察

	粉丝量	播放量(爱奇艺为"热度")	备注
B站	412万人	2.8亿次	全站粉丝排名第2,播放量排名前20。最多播放量超360万次,多集中在2016年。
爱奇艺	79.6万人	2016年热度①为200—300;2017年热度为300—400;2018年热度为500左右,甚至超过了1,300	在其他视频平台播放量整体下降的趋势下,爱奇艺用"热度"衡量视频质量,Papi酱以内容为强的优势得以凸显。
优酷	304万人	2.8亿次	视频播放量有递减的趋势,但是也偶有爆款视频。
腾讯	79.5万人	9.8亿次	Papi酱的视频在腾讯视频上的播放量巨大,2016年为其播放量的鼎盛时期。2018年的播放量平均为200万次左右,有时也能达到400万次,100万次播放量的视频也有。

(二)多技巧凸显个性

Papi酱的小视频节目,除了剪辑之外还用了变音器。流畅的运镜和视频的无缝剪辑放大了不同内容的传播效果,而变音器使得Papi酱的声音在变得搞笑、滑稽的同时又富有神秘感。② Papi酱的技巧性还体现在对传播渠道的选择上。她将微信、微博等社交平台作为视频传播的主阵地,广泛利用微信和微博交互性强、传播速度快、受众年轻化等特点,进一步扩大内容传播,为跨平台吸引受众搭建了桥梁。

(三)多网站增加新闻曝光

《新闻报道中的网络红人媒介形象研究——以门户网站对Papi酱的报道为例》一文中写到,在建构Papi酱媒介形象的报道中,塑造Papi酱"才女"和"低俗爱炒作"形象的新闻报道最多,占比分别为22.9%和21.8%;报告Papi酱"人气高"的新闻报道占比为15.0%;而建构Papi酱"接地气"形象的新闻报道最少,占比为6.0%。整体而言,门户网站的新闻报道给受众呈现了一个正面、积极的Papi酱形象。其中,"有才华"成为Papi酱最为显著的特质;少部分新闻报道将Papi酱塑造成一个负面人物;还有一小部分新闻报道要么未明显呈现出Papi酱的形象,要么为受众呈现了一个较为客观、中立的Papi酱形象。③

① 热度是客观反映当前受欢迎程度的指标,由观看行为、互动行为、分享行为组成,是一个具体的数值。
② 吴小飞.网红经济的内容生产研究:以Papi酱、张大奕、小智为例[D].合肥:安徽大学,2017.
③ 恽嘉欣,韩笑,宋永琴.新闻报道中的网络红人媒介形象研究:以门户网站对Papi酱的报道为例[J].东南传播,2016(11):13-15.

案例四 孔婕:花厨餐厅创始人

图 7-13 孔婕

美味与颜值并存、北京网红打卡餐厅第一名,“帝都颜值最高的餐厅”创始人。

一、品牌故事

孔婕,80 后海归,出生于贵州。她于金融行业辞职后,创立了 Tomacado 花厨品牌(下称花厨),力图打造一个“藏在写字楼里的世外桃源”。花是美,厨是爱,两者的完美结合使花厨被评选为“北京人气最高餐厅”“携程全球甄选餐厅”“Timeout 最佳蔓越莓主题餐厅”,受到 2019 年北京世界园艺博览会的关注和肯定。

(一)创业之源

从英国留学回来后,孔婕在北京找到了一份薪高而体面的金融工作。这份工作看似光鲜亮丽,其实孔婕每天都在和冰冷的数据打交道,还常常加班。工作 7 年来,每当自己嚼着写字楼里不知其味的工作午餐时,孔婕都会想起小时候妈妈做的饭菜:糖醋芋头、酸菜鱼、腌菜肉……这些家常菜让她无比怀念。或许是家里的饭菜太过美好,对美食的热爱成了渗透进孔婕骨子里的兴趣。那时的孔婕心里就惦记着,要是能开一家温暖的小店,给吃货提供美好的食物就好了。

孔婕与食物“结缘”还可以追溯到女儿两岁半那年。那段时间,女儿吃不下饭,变得消瘦,抵抗力也很差。孔婕心急如焚:“怎样才能让食物看起来可口些,好让女儿多吃点呢?”为此,她每天 6 点不到就起床,为女儿制作爱心便当。对于“职场妈妈”来说,这当然不是一件容易的事情。每天翻阅书籍、查阅网站、向高手请教,只为让“外貌协会”的女儿能每天多吃一点儿。孔婕将煮好的面条放到挖空的彩椒里,用食物模具将三明治做成四叶草的形状,再插上漂亮的小纸旗。每天清晨的厨房,就是孔婕的战场。好在,每次女儿都双眼放光,小嘴情不自禁地发出赞叹,然后用小手笨拙而努力地吃完这些食物。孔婕慢慢地开始相信,“一份美好的食物,只要用心制作、投入感情,就可以通过眼和胃最终抵达心”。后来,做一份“用心”的食物也成为花厨的经营理念之一。

得到了女儿的认可,孔婕有时也会嘚瑟地把早餐拍下来发到朋友圈。没想到,朋友纷纷在下面留言:“太棒了,你这厨艺可以去开家店了。”朋友的话再次激起了孔婕年少时的梦想,这团火焰没有熄灭,反而越烧越烈。她想,再不开始,除了徒增年岁,生活或许还跟现在一样,不能让这个梦想成为后半辈子的遗憾。出于对美食和鲜花的爱,也因为常常吐槽写字楼周边为何就不能有一家集健康与美丽于一体的餐厅,于是在 32 岁这年,在什么都没有的情况下,孔婕决定放弃经营了 7 年的事业,转身做个厨娘和侍花人。

这个选择难且冒险。放弃了安稳的一切,一头栽入一个全新的领域,顶着旁人泼下的冷水,面对连自己都不确定的未来,孔婕全借一腔热血。不过起步时,大家的迷茫都是一样的,孔婕相信,人生不止一种可能,根本不存在那条“更好的路”,关键是选择了就要坚持走下去。只要用心和坚持,走到哪里都不会太坏。她一直觉得自己是比较幸运的人,也常常说要先有勇气,才会有运气。

(二)万事开头难

创业初期,能够陪孩子的时间大幅减少,天秤几乎都偏向了工作。时间和精力是孔婕无法突破的瓶颈,为了实现自己的梦想她只能全力以赴,所以她很感谢家人在这方面给予的大力支持。有时候,面对孩子,孔婕有着深深的愧疚感,所以即便是在忙碌的事业初创期,她也很珍惜每天早上和孩子共度的早餐时光,一起聊聊天、读读书,偶尔还会像好姐妹一样给彼此的穿衣搭配来点意见,这是她一天中最快乐、最珍贵的时候。当然,当店里的事务走上正轨后,花在家里的时间过多、顾店的时间少了,孔婕也会有内疚感。孔婕说,“女人创业最难的地方就在于容易产生内疚感”,这在很大程度上束缚着女人勇往直前的脚步。

但是创业,不能只凭勇气和运气。现实中,该掉的坑、该犯的错一个都不会少,甚至有时候孔婕也会怀疑自己,甚至心灰意冷。从餐厅的选址装修、家具的设计到菜品的研发、团队的组建,作为一个餐饮界的“小白”,孔婕硬着头皮、单枪匹马地去挨个儿解决这些问题。受过骗,返过工,因为饮食不规律得了胃病住进医院,一切掩盖在美好梦想之下的尖锐现实不断地拷问着她。2015 年 5 月是孔婕度过的最“黑色”的时光。她开始有些想不明白,自己明明如此热爱且用心,为什么还会遇到这么多波折:离花厨开业还剩不到一个月的时间,定做的桌椅不合格全部返工;只有 3 个人的团队承接了两个大型宴会活动,孔婕和另外两人仅一个晚上就制作了 500 多个花束,到最后手都不听使唤了;女儿得了肺炎,先生驾驶的飞机差点出事……难道真的应了那句话,“梦想一旦交付给琐碎的事情,就会变得一点都不美好”[①]吗?

开一家店比想象中更难。梦想遇到现实,问题接踵而来。在《中国青年报》的报道中,她说到第一年的试菜经历。当时,孔婕还没有自己的厨房,于是就在租来的一个小厨房里进行着各种尝试,就像做实验一样,在不断推翻、修正、重新来过很多次后,才定下了最终的菜单。选址的时候,她遇到了恶房东,钱交了但房子却没租给她。耗了 3 个多月,孔婕才把被骗的钱要回来。等她寻觅数月,终于在三里屯的一家写字楼租到了地下一层时,餐饮服务许可证又办不下来。那段时间,她被开店的事折磨得心力交瘁,几度几乎要放弃。幸好,在家人和朋友的陪伴和鼓励之下,孔婕坚持了下来。

数月后,餐饮服务许可证总算批了下来,她开始设计店面。孔婕思考了很久,现在主题餐饮、高档餐饮这么多,奢华比不过,专业也比不过,她要走出一条与众不同的道路。请不起专业设计师,就自己动手设计,巴掌大的地方,她要五脏俱全。从空间布局到座椅设计,为了完美,她做了无数备选方案,只为挑出最满意的一套。经历了 10 个月的打造,终于,空空如也的玻璃房子变成了孔婕安放梦想的地方。对于选址写字楼,孔婕有自己的说法:“写字楼看似冰冷,实则浸满了女人努力生活的斗志与温度,希望花厨能成为人们忙碌日常中一个美好的停顿和温柔的驻足。”在撕开装修围挡后,打开第一盏灯的那一瞬间,孔婕湿了眼眶。“看到它就像看到自己刚出生的孩子一般,不管未来她是否会成才,只想她平安、快乐地长大。” 2015 年 6 月 23 日,花厨正式开业,但没想到开业当天就出了大事,首先是店门口的 logo 全黑了,因为 logo 是

---

① 杨宁.用 205 平方米探索柴米油盐与生活美学[N/OL].中国青年报,2015-12-25[2019-04-09].http://www.zqb.cyol.com/html/2015-12/25/nw.d110000zgqnb.20151225_2-05.htm.

在南方定做的,没有做氧化处理。来不及做新的,只好把 logo 撤下来空着。水管竟然也在开业那天爆裂,所有人在 5 分钟内紧急撤离。孔婕没时间想那么多,外表看起来柔弱的她心里总是憋着一股不服输的劲儿,尽管状况不断,花厨也还是如期开张了。也正是因为孔婕无论遇到多少困难都咬牙坚持,花厨才终于走出了自己的风格,苦尽甘来。

(三)苦尽甘来

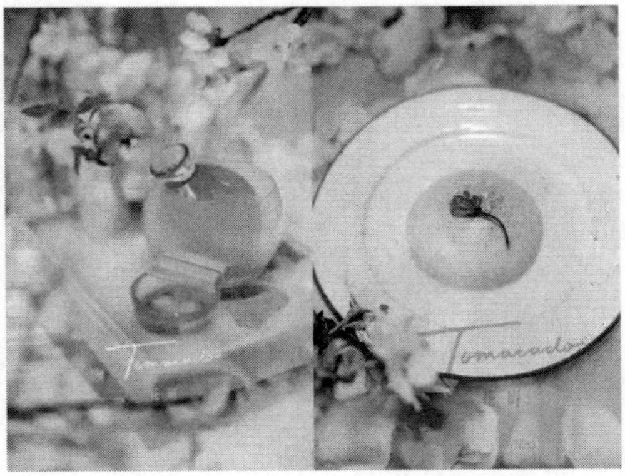

图 7-14　樱花榛子酒 & 樱花慕斯

谈到花厨名称的来源时,孔婕在凤凰卫视的《设计家 Designer》栏目中说:“以前做早餐的时候,特别喜欢用番茄和牛油果,正好一个营养学刊物中的报道也说当两者一起食用的时候,可以提高抗癌功效,所以它们是一对完美搭档。”于是,孔婕把 Tomacado 花厨作为了这个品牌的名字,tomacado,即 tomato+avocado,两个词就像花和厨一样有着互相成就的意义,也象征着新鲜、自然、健康。花厨的工作人员会寻找各种各样的健康食材,尝试找到完美的组合,牛油果和番茄也像 logo 一样被运用到了大部分菜品中。

“当初在设计这个空间的时候,我觉得不同的鲜花颜色可以代表四季的更换。室内的装潢我用了白砖和木色桌椅;室外是灰黑色的,因为它们都比较中性,我觉得更能突显出花朵的娇艳欲滴。很多人问我,你为什么在这么严肃的写字楼里面,开了一家这种风格的餐厅。我觉得,在越是严肃的空间里,人们就越希望看到很浪漫、有花香的地方。”①

花厨一般会根据一些特定主题和应季的花卉去设计新品。比如,2017 年的流行色是草木绿,花厨就在春天的时候做了草木绿的系列新品,其中有抹茶慕斯、牛油果青豆汤和有机蔬菜沙拉。花厨种了十几种有机蔬菜,每一次要用的时候就直接从盆里剪下来。三四月份是樱花的季节,花厨就会做一系列的樱花新品,比如樱花榛子酒

---

① 钵仔糕.格调小店:鲜花与美食的另类碰撞[EB/OL].(2017-08-11)[2019-03-04].http://www.manageshare.com/post/431714.

和樱花慕斯。因为美食中添加了应季的鲜花,所以食客不仅能享受舌尖上的美味,而且能品尝四季的轮回。

图 7-15 花厨内迷人的花束

花厨的菜品经常用到可食用的花朵,如三色堇、玫瑰、桂花、樱花、牡丹等。三色堇因为花型和色彩出众,同时富含维生素 C,所以在菜品中用得比较多。花厨在 2018 年推出了一款新饮品"蓝蝴蝶",原料是来自泰国的蝶窦花。蝶窦花的水溶液含有一种叫作花青素的物质,当它遇到柠檬或者苏打水时就会变成淡淡的紫色,非常漂亮。这个想法来自花厨吧台的一位同事,花厨鼓励每一个人去展开想象、研发创造。

"花代表美好,美丽、短暂又怡然自得;厨代表温暖。好看、美味的食物总是能够从胃抵达我们的内心,浪漫的花香和人间烟火气就是一对非常完美的组合。"花厨餐厅以"花＋美食"跨界,是在极致思维创作下产生的餐饮品牌代表,打造了精致而丰富的高颜值用餐场景,给食客带来了兼顾视觉和味觉的健康新体验。意料之中,花厨很快便成为北京的网红餐饮打卡地,受到了消费者的热烈追捧。随着业务的快速拓展,花厨后续分别在王府井中环、朝阳大悦城度刻空间以及国贸商城里开了 3 家店。现在,孔婕频繁地考查华东和华南的市场和空间,她希望稳固一下团队,锤炼一下产品,积极向外探索。

二、个人品牌定位

"食物本来就该是美的,花也是所有女性都抵抗不了的事物。这样的搭配在我看来是自然而然的。"[①]孔婕在花厨内饰方面使用了大量的鲜花,目之所及布满了新鲜的花朵。用鲜花砌成的花墙是食客最为喜爱的自拍地,每张木质餐桌上也都摆放着一支玫瑰,在用花枝与藤蔓缠绕着的花灯下用餐的食客仿佛置身于 19 世纪的宫廷,

① 杨宁.用 205 平方米探索柴米油盐与生活美学[N/OL].中国青年报,2015-12-25[2019-04-09].http://www.zqb.cyol.com/html/2025-12/25/nw.d110000zgqnb.20151225_2-05.html.

刀叉在温暖的灯光下泛着好看的月光银。

在孔婕的心中，蕴涵自然力量的花，是美；承载烹饪心意的厨，是爱。花厨既是一家餐厅，又是一家花店，孔婕希望它能给每位光临的食客带去爱与美的享受。孔婕说："都说生意人的账簿，记录收入与支出，两数相减，便是盈利。人生的账簿，记录爱与被爱，两数相加，便是成就。幸运的是，花厨就是这样一个见证爱与被爱的地方。"孔婕认为，独立是女性最重要的特质，她认为最有魅力的女人应该是内心柔软却富有力量的。"美"是每个女孩的追求，自己也不例外。但是"美"本身只是一个系数，要乘以智慧、勇气、坚持，才是女性最后的得分。

三、个人品牌识别

（一）理念识别

图 7-16　花厨摆满鲜花的长桌

花厨已经接连开了几家分店。在经营理念上，孔婕说："我们延续着开店的初衷——做钢筋水泥中的世外桃源，通过鲜花和美食这样的完美搭档，给都市忙碌的人带来一丝美好和温暖。对于新店，我们采用的是'连锁不复制'模式。在设计上，每一间店都要求同存异。如果说第一间店是清新少女感，那么第二家店就会向着成熟和优雅的方向装修，好比不同的鲜花与不同的女人，同样的美丽，却又气质各异。"①

在谈到"平衡"这个问题时，孔婕认为："在这个现实的社会，大家都希望能够在家庭、事业、爱情、友情等每一个方面拿到高分，但要面面俱到真的很难。花厨所倡导的完美搭档，意为万事尽全力，在任何一段关系和角色中，能够因为彼此的存在而成为更好的自己。"②

（二）行为识别

花厨每隔三到四天就会整体更换店面所有的鲜花。鲜花是非常难伺候的，花厨

①② 凯特周设计师精品.凯特周 Girl Power 女性力量访谈录：美食界的花仙子[EB/OL].(2017-11-17)[2019-08-22].http://www.sohu.com/a/204930910_486398.

的工作人员在每晚打烊之后，都会把桌花拿下来，把瓶子清洗干净，换水剪根，只有这样才能让这些花看起来每天都非常新鲜。

孔婕不断地在花厨里增设新项目，比如手作课堂。她希望在什么都可以用钱买的时代，用自己的手作之物去创造幸福感。就这样，从一家餐厅和花店开始，孔婕把自然、健康的有机概念和生活方式带给自己的食客。每当忙碌了一天的白领在这里吃过晚餐，顺手买一束花回家时，疲惫就会被一扫而光；情侣在这里度过难忘的日子，亲手做出情人节、纪念日的礼物；小夫妻带着孩子来这里待一下午，吃美食，闻花香。这些生活中实实在在的“小确幸”一直打动着孔婕和所有客人。

图 7-17　孔婕个人形象

（三）形象识别

孔婕喜欢简约有质感的设计，这些设计一定是当下最流行的。她会选既适合自己的风格又可以修饰身材的服装。孔婕的衣柜里基本上都是黑、白、灰和咖啡色，现在会适当买一些红色、紫色和深墨绿色的单品来调节或点缀自己的装扮。可能因为自己实在是太爱这种格调了，所以连花厨的员工服也是这几种颜色。孔婕还会买很多基础款的打底衣裤，然后用不同的外套、裤子和裙装进行搭配，通过线条打造自己的风格，让文艺与极简并存。

四、个人品牌传播

（一）网红餐厅提升曝光度

花厨营造的氛围带来了全新的消费场景和体验，受到了食客的追捧，很快成为北京热门的网红餐厅打卡圣地。大面积的鲜花墙、气球墙供食客拍照，照片再通过互联网进行二次传播；食客排队的时间扩大了品牌影响力，泰国公主、中央广播电视总台主持人尼格买提、收藏家马未都、文莱歌手吴尊等都是花厨的座上客。[①] 2020 年，花厨除了餐厅之外，还在微信和美团开设了外卖“花厨 GO”、线上商城“花厨小铺”。外卖套餐中会送上鲜花，瓶子也被设计得别具一格。[②] 花厨目前的营利模式虽然以餐饮为主，但同时也提供鲜花、生活小物等零售服务与高端花艺课程，这既能让孔婕及其团队在自己的专业领域内发挥特长，又能通过其他的销售方式提升花厨的知名度、增加品牌曝光率。

（二）个人专访增加品牌知名度

2017 年，孔婕接受凯特周 Girl Power 女性力量访谈，谈及自己创业的缘起和过程，表示独立、价值感对于女性来说最重要，她认为内心柔软却有力量的女人最有魅力。2017 年 8 月，花厨登上凤凰卫视的《设计家 Designer》栏目，讲述了花和厨背后的故事。孔婕本人因在餐饮领域独树一帜的非凡成就，被 2019 年的北京世界园艺博览会邀请，以“厨房里的花”为主题分享了其餐厅运营的相关经验，她还被组委会授予了“身边的园艺达人”称号。[③]

（三）公益事业提升社会美誉度

2017 年 11 月 29 日，孔婕代表花厨参加了首届“中国与世界：关爱儿童与母亲慈善之夜”晚宴并进行了物资捐助，助力公益事业。2018 年，孔婕代表花厨参加了“小太阳”新春爱心慈善义卖活动，将义卖所得尽数捐赠给了北京春苗儿童救助基金会一小花关爱项目，用于救助重症孤儿。孔婕说：“让公益进入日常，渐渐成为我们的生活方式，渗透给更多人，让美与爱一直传递下去，这是让我觉得有意义并快乐的事。”

---

① 中闻网. 专访“花厨”创始人孔婕：解锁餐饮创新模式[EB/OL].(2019-05-19)[2020-02-13]. http://www.weizg.com/shipin/5111.html.

②③ iziRetail.“花丛中的餐厅”花厨：五年一路稳健走来，这家高人气餐厅做对了什么？[EB/OL].(2020-06-04)[2020-11-09].https://www.sohu.com/a/399699671_663226.

第八章　女性个人品牌建构与传播策略分析

第一节　女性个人品牌建构的制约与成功要素

一、女性个人品牌建构的制约要素

（一）社会因素

我国几千年的不良社会习俗和性别偏见严重影响了女性的职业发展，这些落后的观念根深蒂固，一时难以改变，具体体现为以下几个方面。

第一，传统观念的影响。现在，女性在我国社会的发展中扮演着越来越重要的角色，女性的发展影响着经济的发展，也影响着民族的发展。然而，我国女性的发展依旧存在着许多问题。一方面，中华民族的传统要求女性温柔、善良、知书达理，“上得了厅堂，下得了厨房”成为很多人判断女性优秀与否的标准；另一方面，“男尊女卑”的封建思想在当今社会依旧存在，还是有一部分人认为女性应该为了家庭而放弃事业，甚至认为女性就是家庭妇女，不应该也不可能胜任管理岗位的工作。可见，落后的传统文化极大地约束了女性在个人特质和事业上的发展。

第二，男性对女性存在刻板印象。一般而言，在一个组织中，特别是管理层，大多以男性为主导，他们掌握着企业的决定权和话语权；而女性则被认为缺乏竞争意识、胆小、不够有勇气、优柔寡断、能力不强。尽管现代的女性受教育的水平在不断提高，专业技能也经过了良好的训练，她们同男性一样具有勇气和毅力，敢于拼搏，在各个方面都取得了不错的成绩，但因为长久以来男性对女性普遍持有的刻板印象，女性的工作能力和素质依旧会受到质疑。

(二)国家政策

首先，政府对女性生育政策的激励机制和保障机制重视程度不足。[①] 目前，国家在保护女职工劳动权益的过程中，主要还是通过建立和完善法律法规等制约机制来规范用人单位的用工行为。但在企业改制的过程中，生育保险领域逐渐形成了两种制度并存的现状：一种是传统的生育保险制度，其特点是与生育保险有关的待遇由财政或用人单位负责；另一种是生育保险社会统筹制度，其覆盖范围是城镇企业及其职工，缴费义务人是用人单位。这两种制度都无法完全为女性提供足够的生育保障。

其次，选拔任用机制缺位。[②] 目前，国内干部的任用方式依旧是组织内部进行自上而下的任命，尤其是在领导干部的选用机制上，我国还存在较为明显的性别倾向。根据我国干部的发展机制来看，女性在 30 岁左右遭遇的“职业中断”会影响其后期的长远发展。而《国家公务员暂行条例》规定，女性的退休年龄比男性早 5 年，这意味着女性的职业生涯被进一步压缩。结合上述两点原因，不难看出为什么我国越是高层，女性干部的数量和所占比例就越少。

(三)组织环境

首先，组织环境在一定程度上限制了女性的发展。组织环境对女性职业发展的影响是非常大的，一个高度开放、自由的环境，能够激励女性最大限度地发挥自己的潜能；公平、公正、有序的晋升制度，有助于增强女性的自信心和其努力投身工作的动力。但就目前来看，女性工作的组织环境还远达不到以上条件。

其次，组织缺少长期、系统的领导力培训。教育培养是提升女性领导力的一个重要途径，如果这项工作没有贯彻落实，那么女性领导力的提升就会停滞。这会导致我国的女性领导储备不足，进而对未来女性领导的选拔、任用和培养产生更多的负面影响，形成一个恶性循环。

---

① 彭敬. 全面两孩政策对企业女职工职业发展影响研究：以成都为例[D].成都：四川省社会科学院，2017.

② 温佳甲.女性领导力发展困境及提升对策研究：基于八师石河子市 70 名女性领导干部的调查[D].石河子：石河子大学，2017.

（四）家庭因素

首先，家庭责任占用女性过多精力。女性在家庭中承担着非常重要的责任，她们扮演了女儿、姊妹、妻子、母亲等角色。因为每一个角色都要求女性百分百投入其中，而她们同时又要面对和男性一样多的工作压力，所以沉重的家庭负担极大地制约了女性的发展。如何帮助女性减轻家庭负担，让她们能够轻松、高效地处理家庭与工作之间的矛盾，是一个需要尽快解决的问题。

其次，家庭未给予足够的支持。女性在面对工作与家庭的双重压力时，迫切需要家庭成员，特别是配偶的理解与支持。作为与女性联系最紧密的人，配偶扮演着举足轻重的角色，其一言一行都会引发女性在心态和行为上的变化。所以配偶如果能在实际生活中多支持女性事业的发展，帮助女性分担家务劳动、承担照顾子女和老人的责任，同时在精神层面给予女性高度的支持和赞许，那么女性将会以良好的心态从容地面对各种压力和困难，其家庭生活和组织生活也会更加和谐。

（五）自身条件

女性的职业发展不仅要求其要具有较强的工作能力，而且要具备较强的心理素质。但现实中的女性往往在心理方面存在多种问题。

首先，特殊的生理构造决定了女性无法从事一些特定职业。一方面，女性在其职业发展中不得不考虑子女的生育、抚养、教育等问题，这些现实问题让女性无法对工作投入百分百的时间和精力；另一方面，女性的生理特点决定其无法从事高危险和高强度的工作，因此，女性丧失了很多受教育、培训和发展的机会。用人单位出于对效益的考虑，也不愿雇佣女性员工。

其次，与男性相比，女性缺乏竞争意识。女性性格温柔、善良，被认为不适合进入硝烟滚滚的商业战场。所以很多女性在家庭成员的教育、组织环境和社会氛围的影响下，越来越放低对自我的要求，认为自己只需且只配做好手中没有挑战性的工作，而忽略了市场经济的竞争性。社会是优胜劣汰的，女性要想取得一番成就就要适当培养自我竞争意识。

最后，女性的完美主义倾向也影响了其事业的发展。完美主义是一种优点，一丝不苟的做事风格很适合一些比较严谨、需要精密研究的工作，但这在某种程度上也限制了女性的发展。做事力求完美、追求细节，往往会使女性缺乏长远的眼光；做事考虑周全在一定程度上也会使女性在面对重要决策时犹豫不决。

二、女性个人品牌建构的成功要素

(一)个体的自我完善

1.学习能力

树立正确观念,包括独立观念、自信观念、成就观念、终身学习观念等;提高综合素质,包括政治素质、心理素质、身体素质等。格力电器的董事长董明珠毕业于安徽芜湖职业技术学院,但是她通过自己的努力,先后获得了中南财经政法大学和中欧国际工商学院的 EMBA,还进修了中国社会科学院经济学系研究生班,并于 2017 年被授予北京师范大学—香港浸会大学联合国际学院荣誉院士,正是终身学习的观念让她不断走上人生新高度;"少年得到"的张泉灵作为媒体人,在转行的过程中依然保持着好奇心,懂得半路出家更需要多多学习,所以她时刻关注热点,一直保持着积极的学习状态。

2.职业选择

女性要结合自己的实际情况,在尊重职业生涯发展基本规律的前提下,尽早做好职业生涯规划,在人生的不同时期,有针对性地分配自己的精力,平衡好家庭和事业的关系。通过前文的案例分析,女性企业家可以分为以下两种类型。

第一种是线性发展型。这一类的女性企业家能够将所学专业与工作合并成线性的发展路径,在同一领域中深耕。如董明珠就运用自己的统计学知识来处理业务,逐渐在格力集团站稳了脚跟;海尔的杨绵绵毕业于内燃机系,其职业历程与家电行业捆绑在了一起。

第二种是曲线转换型。这一类的女性企业家能从某一行业转型到另一行业,如张泉灵从媒体转战创投行业,多学科背景使她被称为知识最驳杂的人,她也因此有了更广阔的行业视野;杨澜在美国留学,在开阔视野的同时接触了许多成功的传媒人,学习了先进的传媒观念,这些宝贵的经历使她能顺利地从主持人转型成为传媒公司的主理人。

3.领导能力

领导力包括社交能力、管理能力、应变能力等方面。在领导过程中,女性要发扬自身的优势,在情感沟通、组织协调等方面充分展现才能,提高团队凝聚力。身处劣势,女性要重视困难并努力克服,通过有意识的训练来提升领导力。例如,胡玮炜通过多年来积累的人脉,使得摩拜单车在发展初期就能具备很强的号召力;杨绵绵提出,领导者在企业管理上需要注重"三商",即智商、情商、韧商;陶华碧以温情取胜,她能说出公司大部分员工的名字,关心员工的生活冷暖。

(二)组织对女性的关注与培养

首先,大环境允许女性充分发挥才能。随着我国经济的飞速发展,中国已成为全球创业最活跃的国家。致力于实现自我、达到更高目标或企图平衡商业与社会价值的女性创业者和企业家越来越多,中国女性的创业活动指数也高于全球平均水平。2017 年,在《福布斯》杂志发布的 56 位全球白手起家的财富女性榜单中,中国女性有 21 位,占榜单的 37%。在浙江省,平均每 19 个女性中就有一个是老板。由此可见,中国女性创业已成为一种"新常态"。商业是公平的竞技场,创业是一场"无性别运动"①,女性已成为社会发展不可忽视的重要力量。

2018 年,波士顿咨询公司在对全球女性创业者的调研报告中指出,相较于男性,女性创业者更有耐心,更依赖于数据与信息分析,更愿意投入更多时间研究,这也使得由女性创办(或共同创办)的初创企业普遍能产生更高的收益——在 5 年的时间里,女性初创企业的收入平均高出男性 10%以上。《中国女性创业报告(2018)》认为,人工智能时代来临,女性企业家的危机意识更强,比男性企业家更能接受更大的挑战。女性拥有 AI 无法替代的"她"能力,包括通过接受高等教育后形成的较强的理论研究能力、高价值的创造力、建立并维护良好的人际关系的能力、快速应对突发危机及潜在风险等的能力。在劳动密集时代,女性是弱势群体;但在未来的智能时代,女性可能拥有更多的机会,因为人工智能的新世界需要性别多元化的视角,更多的女性进入科学研究领域是必然趋势。数据显示,1980 年,由女性注册的公司在中国所占的比例是 10%;今天,这一比例超过了 30%。

其次,优化的组织结构让女性有了更多晋升的空间和渠道。2017 年的经济合作与发展组织(下称经合组织)统计显示,获得高等教育学位的女性数量持续上升,女性

---

① 刘梦羽.2017 中国女性创业报告[EB/OL].(2017-04-20)[2019-09-14].http://www.myzaker.com/article/58f8747clbc8e04912000000.

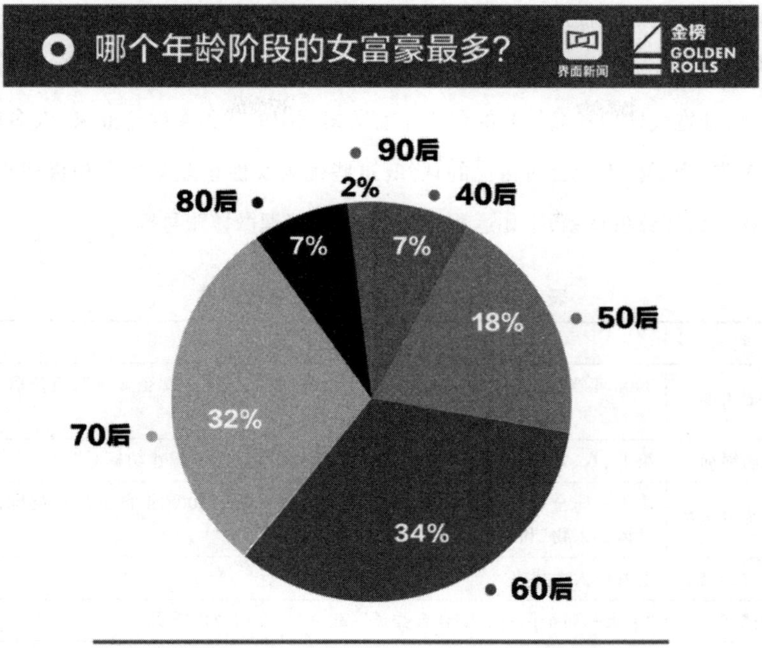

图 8-1　2018 年中国大陆女富豪年龄分布

更多集中在教育健康、人文社科、商科法律等专业领域，同时也有越来越多的女性进入 STEM(科学、技术、工程、数学)学科。数字化时代组织管理典范的转移，为女性提供了更大的发展空间。组织管理趋向柔性化，加强了对人的关注和培养。担任多重社会角色的女性往往具有柔性的“她”优势，更容易从培养和发展的角度对待下属，形成倾听和鼓励下属积极参与的领导风格；而在数字化时代，女性也更能从消费者的角度出发，对用户体验具有较强的感受力，对用户表现出同理心。安永在针对女性新兴市场的研究报告中指出，预计到 2028 年，全球 75%的可自由支配支出将由女性控制。

(三)社会的支持和保障

首先，正视女性受教育的重要性。根据《2018 年教育概览》，在经合组织国家的平均数据中，中学生中的男性比例占 60%左右，而女性更可能完成高中教育，毕业比例高于男性；男性接受高等教育的可能性低于女性。2017 年，38%的经合组织国家男性接受过高等教育,而同龄女性的比例为50%,这一差距在过去的10年里一直在扩大。①

其次,拓宽女性被社会认知的渠道。前文案例中的优秀女性企业家,大多都获得过很多荣誉,为了扩大社会对自己的认知,这些优秀女性企业家也在积极建立科学、完备的社会认知评价体系,比如运营微信公众号、管理微博账号等。

表8-1 本书研究对象所获荣誉简览

人物	荣誉
格力董明珠	2003年当选为第十届全国人大代表、"南粤首届优秀女企业家"、石川馨—狩野奖
海尔杨绵绵	第七、八、九届全国人大代表,"杰出创业女性"和"巾帼建功标兵"
长城汽车王凤英	第十一届全国人大代表、2019年全国人大代表、"2008年自主品牌英雄榜·营销风云人物"和"最具社会责任感的企业家"
分众传媒陈岩	上海市人大代表
东方爱婴贾军	"第十一届全国青联联合会委员"、北京第12届政协委员
华策影视赵依芳	"第十一届全国青联联合会委员"、中国电视剧产业二十年突出贡献出品人、全国文联代表、中国电视剧制作产业协会副会长、浙江省文化产业促进会副会长、浙江省电视艺术家协会副主席等职务、杭州市文化创意人才协会会长
摩拜胡玮炜	全国创新创业好青年

第二节 女性个人品牌定位策略分析

女性要进行个人品牌建构,首先必须明确自己的定位,找准个人品牌的着力点,突出自己的优势,最大限度地发挥自己品牌的价值。自我了解、自我认识、找准自我的位置,是进行个人品牌定位的关键。品牌意味着差异,个人品牌建构要明确界定品牌所代表的内容,定位自己的核心价值,确立自己的最优资源和闪亮特质并进行深入地开发、广泛地传播,使之成为自己的核心价值和真正优势。这种个人品牌建构的定位战略可运用于女性个人成为品牌人之前,而当女性个人成为品牌人之后,其品牌建构的定位则应着重考虑以下几个方面。

---

① 消费者研究. OECD:2018年教育报告[EB/OL].(2018-10-13)[2019-04-09]. http://zn--www-2o028ga8206fa7156d17f.

第一，独特性。女性个人品牌属于特殊的个人品牌，其定位必须要具有一定的独特性，通过个人的语言和非语言符号传递出品牌个性，建构形象的个人品牌识别系统，由此在受众心中建立起独特的形象。

第二，稳定性。女性个人品牌的形象、品质及美誉度是相对稳定的，女性个人品牌的建构是一个不断积累并提升价值和影响力的过程，因此不能急功近利。

表 8-2　本书研究对象的定位汇总

人物	定　位
格力董明珠	性格强硬、独断、不怒自威，被称为家电界的“拼命三郎”“中国阿信”
长城汽车王凤英	为人低调，忽略性别，是国内汽车行业唯一一个女当家
华策影视赵依芳	电视剧行业“女魔头”“爆款专业户”
分众传媒陈岩	媒体行业领跑者
蚂蚁金服彭蕾	“阿里十八罗汉”之一、蚂蚁金服的“掌门人”
摩拜单车胡玮炜	“情怀创始人”
Papi 酱	夸张有趣的表演和搞笑的表情，集才华和美貌于一身的女子

女性个人品牌的建构离不开对企业品牌的讨论。那么，该如何定位个人品牌呢？根据前文的企业家案例，我们将个人品牌定位分为以下几种类别。

第一种是个人为企业代言，个人品牌即为企业品牌的代言人。这种类别的女性企业家有着较高的曝光率，能够为企业带来正向流量。例如，董明珠被称为“行走的格力”，她的一言一行代表着格力集团的形象，而董明珠拥有的粉丝对提升企业品牌的关注度有着积极的作用。

第二种是由个人品牌衍生出的企业品牌。比如，Papi 酱因为其自媒体短视频在网络中广泛传播，因而在受众的心目中留下了不可替代的个人形象，受众一谈起她，大脑中就会浮现她夸张、有趣的表演和搞笑的表情。基于此，Papi 酱于 2016 年创立了 papitube——短视频 MCN 机构，形成了自己的企业品牌和粉丝经济。

第三种是以企业品牌为主、个人品牌为辅，两者相互联系又有所差异。比如陶华碧，因为企业品牌“老干妈”太出名，其个人形象才逐渐出现在受众视野中。陶华碧本人是“老干妈”品牌的 logo，她与“老干妈”共同向受众传递了接地气、亲民的形象。

第三节 女性个人品牌形象识别系统建设

品牌形象的概念同样源自企业品牌。人们对品牌形象的认识刚开始是建立在研究影响品牌形象的各种因素之上的,比如品牌的属性、名称、包装、价格、声誉等。有学者认为,品牌形象是存在于人们心里的关于该品牌各种要素的图像及概念的集合体,主要反映了人们对品牌所持有的态度。从品牌策略的角度而言,品牌形象是指一种产品或差异化服务在竞争状态中的含义及联想的集合。总的看来,品牌形象是一个综合性概念,受形象感知主体的主观感受、感知方式和感知前景等的影响,是在心理上形成的一个联想性的感知集合体。品牌形象是一种无形资产,同时具有鲜明的独特个性。

女性个人品牌形象,即在国内外受众心里产生的具有独特个性的印象,我们也可以将其理解为女性品牌人的形象。同样地,女性品牌人也可以对形象识别系统进行设计。本书将女性个人品牌形象理解为国内外社会受众对知名女性个人的理念体系、行为体系、形象标志等诸要素进行综合认识后形成的对主观印象的概括,包括理念识别、行为识别、形象识别。下文将从理念设计、形象识别、行为识别这三个方面对女性个人品牌形象进行详细分析。

一、女性个人品牌形象的识别系统——理念识别

理念识别体现了女性个人品牌形象内在的价值观念,在所有要素中是最重要的,其他两个要素要在理念识别的指导下进行。具体而言,理念识别是指女性品牌人在日常活动中的标志性理念。不难发现,大多数女性企业家对于企业管理都有着自己的理念,比如董明珠自建销售渠道、创建格力模式,杨绵绵采取低成本扩张和出口创牌的战略决策(见表 8-3)。

表 8-3　本书研究对象的企业理念汇总

人物	企业理念/管理理念
格力董明珠	自建销售渠道、格力模式
海尔杨绵绵	海尔多元化战略，采取低成本扩张和出口创牌的战略决策
“老干妈”陶华碧	诚信、“企业＋基地＋农户”的农业产业链
龙湖吴亚军	“人性化的房子”“善待你一生”
东方爱婴贾军	第一个在国内提出 0—3 岁早期教育细分市场这一概念，将特许经营模式引入早教行业
华策影视赵依芳	文化产业领域需要继续保持“改革开放”的意识
阳光卫视杨澜	女人永远不要把男人、周围环境当作敌人，最重要的是要寻求内心的成长
乐蜂网李静	中国模式最独特的传媒娱乐＋电子商务公司
华为孙亚芳	大局观：“只有运营商赢得利润，赢得生存能力，设备供应商才能生存。”

二、女性个人品牌形象的识别系统——行为识别

行为识别是女性个人品牌形象具体的行为体现，是一种动态识别形式，具体指女性品牌人在公开场合的言谈举止，包括演讲能力、办事风格、公益行为、亲民行动等。大多数女性企业家都有其“标志性事件”，比如董明珠与雷军的 10 亿元赌约，不仅凸显了董明珠的性格特征，而且提升了格力与董明珠的曝光度，这一事件也成为董明珠个人品牌的一部分。

表 8-4　本书研究对象的行为识别

人物	行为识别
格力董明珠	与小米的 10 亿赌约
“老干妈”陶华碧	现金买卖，不贷款、不上市；能说出大部分员工的名字
华策影视赵依芳	对趋势和政策的敏感；坚信“内容为王”
乐蜂网李静	打破常规，勇于挑战规则
花厨孔婕	爱吃美食，将鲜花与美食完美结合

三、女性个人品牌形象的识别系统——形象识别

在进行女性个人品牌形象设计的时候，需要注意以下几个方面：第一，要树立国内外受众喜闻乐见的形象，既立足于国内受众的需求，又注重满足国外受众的诉求。

第二,巧妙制造受众舆论。良好的受众舆论,有助于塑造美好的女性个人品牌形象。第三,组织形象要高于个人形象。女性个人品牌形象有着双重性,既代表个人又代表组织和行业,而组织和行业远比个人重要。

形象识别是女性个人品牌形象具体化的标志,是理念的静态识别系统,具体包括签名、名片、佩戴的标志物、个性化的穿衣风格、发型及手势,等等。具体而言,女性个人品牌形象的设计包括了她们的外观形象及言谈举止、思想品质、意识经验、个性风格以及展现在社会受众面前的个人画像等。女性品牌人的外在形象可塑性非常强,结合优秀的形象顾问团队指导、现代的美容科技以及媒体的后期制作,在短期内打造一个外形优良的女性品牌人形象并非难事。

表 8-5 本书研究对象的形象识别汇总

人物	形象识别
格力董明珠	短发、清爽的服饰、标志性的披肩
长城汽车王凤英	蓬松发髻、优雅高贵
"老干妈"陶华碧	普通的农村妇女形象,单眼皮、高颧骨、宽鼻头
阳光卫视杨澜	衣着整洁,光鲜亮丽,有气质
华为孙亚芳	戴着眼镜,职业女装
蚂蚁金服彭蕾	有气质、笑容温柔、脸上总洋溢着自信的光芒
摩拜胡玮炜	黑长直,富有知性美
花厨孔婕	简约有质感的设计契合自己的风格,还修饰自己的身材
Papi 酱	素面朝天、不拘小节的开朗女孩

第四节 优化女性个人品牌传播方式

一、女性个人品牌与女性媒介形象

女性个人品牌的行为大多通过媒介而被受众所熟知。从营销传播学的角度来说,女性品牌人必须重视媒介形象,因为这是构成女性个人品牌的重要元素。然而,媒介中的女性形象塑造却存在偏差，主要表现为针对女性再现的刻板印象和性别歧视。①

首先，媒介在对性别角色的再现上存在着刻板印象。与男性角色相比，大多数的女性形象在媒介中扮演的角色十分有限。20 世纪 70 年代，乔治·格伯纳的研究发现，当女性在电视或广播中出现时，常常扮演着边缘性的点缀角色（如男主角的母亲或妻子等形象）。美国早期的研究也发现，在电视广告所呈现的女性角色中，75％的女性被塑造为厨房和浴室用品的使用者。

其次，媒介在对女性形象的塑造上存在着刻板印象。在广告媒介中，女性常以性感、带有奖励意味的物品性和对男性的支持等形象出现，通过暴露的着装和充满暗示的动作强烈地刺激着人们的视觉，从而引起受众对广告的注意。在电视剧中，女性形象存在类型化的问题。女性要么被塑造为带有落后性别意识、逆来顺受的旧式女性，要么是赋闲的伪时尚女性，只会美容、逛商场、买首饰。女性还会被塑造成破坏别人家庭的第三者，或在婚恋生活中呈现出放荡不羁的形象。实际上，这些电视剧的绝大部分都由男性叙事，即电视剧的女性形象总是通过男人的眼睛看到并用男人的话语方式说出来。

随着社会的不断发展和进步，女性力量逐渐增强，女性形象不断得到重塑，女性个人品牌在传媒中的形象也向有利于妇女发展的方向转变。因为大众传媒是受众了解社会风向的窗口，所以要充分重视并发挥大众传媒作为精神阵地的重要作用，丰富女性的宣传内容、树立正面的女性形象，为女性搭建更广阔的发展空间和表现平台，多维度展现女性形象；②提高宣传的品质，加强女性话语权的表达力，通过创办互动栏目来倾听女性的声音；营造公平、和谐的性别环境，健全相关法律法规并跟进监测媒介环境，开展媒介教育，优化女性发展的舆论平台以塑造全新的女性形象。

二、建立女性个人品牌的传播步骤

女性个人品牌建构的传播可以借助一体化的公共关系传播管理模式。一体化的

---

① 李爱芹.女性媒介形象的偏差塑造现象研究[J].湖南大众传媒职业技术学院学报，2007(1)：35-38.

② 韩璐.《南方人物周刊》中都市精英女性媒介形象的呈现与传播[D].呼和浩特：内蒙古大学，2015.

公共关系传播管理模式是以整合广告、宣传活动等相关要素的方式，用数据统计的科学方式来发挥其传播功能，将女性人物提供的“女性品牌”与社会受众中的“性别消费者”结合起来，建立起能够相互依赖的长期合作关系，同时以创造长期利益、分享长期效果为最终目标的传播过程。

要制定女性个人品牌传播计划，需要建立和国内外受众之间更为稳固的联系，以下是实施传播计划的 7 个步骤：

第一步，明确女性个人品牌在整个品牌战略中扮演的角色。这不仅要求女性品牌人本人重视品牌建构，而且要求组织和行业高度重视品牌建构，利用女性个人品牌的建构来塑造女性形象、维护女性权益。

第二步，明确女性个人品牌信息期望到达的人群。虽然女性品牌首要关注的对象是女性群体，但是在公共关系体系下建构的女性个人品牌还需要关注男性受众，针对不同的受众传递不同的信息。

第三步，通过信息传播改变受众认知。建立或者改变受众对女性个人品牌的认知并不是件容易的事情，它需要在传播的方式和渠道上下足功夫，要拥有能够穿透受众每日因接触过量的信息而形成的“防卫墙”的能力。要想获得受众的注意力，传播者必须通过精心准备信息、创新沟通渠道等方式来改变受众的心理预设。

第四步，正确认识媒介在改变认知态度和维持发展势头中的作用。整合传播需要使用合适的传播媒介，不同的信息传播需要使用相应的媒介来满足受众的需要。因此，女性个人品牌在建构的过程中要平衡各种媒体的作用力量，建立起一种整合的、最有效的信息传播方案。

第五步，确定最佳媒介组合。整合传播在执行过程中最根本的挑战，在于确定最佳媒介组合以促使目标受众形成强烈的情感依赖及价值认同，即对女性个人品牌的忠诚度。这个最佳的媒介组合需配以合理的媒介预算，将传播成本控制在个人公关预算的合理范围内。

第六步，效果测量。在对整合传播进行投入后，需要令行业、组织和受众相信这是一种投资而非花销，所以要展示一个令人相对满意的回报。通过定量方法测量信息和媒体的传播效果，能够帮助优化接下来的传播设计。

第七步，从第四步开始，重复整个过程。女性个人品牌的传播是一个有机的整体，通过积极推进、深入展开，可以不断完善女性个人品牌的形象建设，逐渐使之立体、丰富。

三、女性个人品牌的传播机制

女性个人品牌的传播机制是指女性通过各种传播手段持续地与目标受众交流，最优化地增加其品牌吸引力的过程。女性个人品牌的传播即实施品牌管理的过程，同样属于信息传播过程。美国学者哈罗德·拉斯韦尔提出了信息传播过程的“5W模式”，即谁(who)、说了什么(says what)、通过什么渠道(in which channel)、向谁说(to whom)、取得了什么效果(with what effect)。这个实施过程以大众传媒作为传播载体和支持体系。传统媒体因其强大的传播力和在社会生活中的高度话语权，已经成为传播女性个人品牌举足轻重的一部分。而在全球化时代，新媒体也将发挥越来越重要的作用，所以女性个人品牌的传播需要采用整合传播的策略来创新传播渠道，重视传统媒体、灵活运用新媒体。整个传播及实施过程如图 8-2 所示。

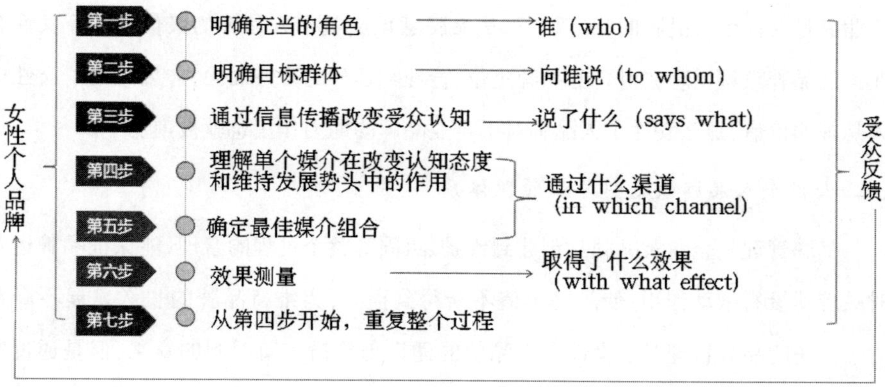

图 8-2　女性个人品牌的传播机制

第五节 女性个人品牌的维护与管理

一、重视女性个人品牌的发展困境

(一)女性个人品牌缺少大量曝光

通过分析可以发现,女性个人品牌的传播需要多种渠道相互配合。然而,大多数女性企业家仅仅依靠榜单曝光,她们很少接受媒体采访,甚至回避媒体关注;拥有个人自媒体且能保持内容更新的女性企业家更是少之又少。大多数女性企业家的形象传播在媒介组合上过于单一,宣传点缺乏创新,最终导致其个人品牌曝光度不足,很多消费者只知企业而不知企业家。

(二)女性个人品牌缺少品牌建构意识

品牌意识是指在消费者意识中被激活的品牌图式,这种意识化的品牌图示与消费者记忆中的品牌特点有关联,能反映不同条件下消费者识别品牌的能力。[①] 女性企业家是女性个人品牌的"经营者",是品牌意识造就个人品牌的最佳例证。女性企业家的品牌意识反映在对自身品牌定位、管理和延伸的方方面面,如果忽略了女性个人品牌的价值,那么女性个人品牌对于企业品牌的助力作用也就被削弱了。

(三)女性个人品牌缺乏科学的管理体系

品牌管理是企业对品牌从创建到维护、巩固等整个过程的管理,能保证品牌运营对品牌建设有推动作用,使品牌价值不断得到提升,为维持品牌的长久发展不断蓄力。系统的品牌管理对于女性个人品牌的建设与传播有着深刻的意义,但是通过案例分析,我们发现大多数女性企业家在个人品牌形成后并没有进行系统管理,导致了品牌维护欠缺、品牌影响力不足等消极后果。

二、创新女性个人品牌的传播渠道

1995 年,比尔·盖茨曾在《未来之路》中想象新媒体所能提供的超媒体服务:"假

---

① 陆跃祥.简论品牌意识的研究[J].中国青年政治学院学报,2006(6):98-101.

设你正在观看新闻，一个你不认识的人与英国首相走在一起，你想知道她是谁。你用电视的遥控器指着这个人，立马她的小传就会出现，还有最近出现过她的其他新闻报道名单。指着名单上的一件东西，你就能阅读或观看它，无数次地从一个话题跳到另一个话题，在全世界范围内搜索视频、音频和文本信息。”①新媒体利用能够连接全球的互联网系统和通信卫星打破了传统媒体受限于时空的特点，使传播所能到达的范围扩大至全世界，让任何人在任何时间以任何形态都可以自如地交流并存储信息，从而打造了一个巨大的信息资源库。

新媒体时代，只有创新女性个人品牌的传播渠道，女性个人品牌及其企业的发展才能适应媒体转型发展的时代特征，顺利做大做强。创新传播渠道指的是充分利用互联网和新媒体这两大信息资源库，用文字、图片、声音、动画、影像等多种新兴传播手段来保存、展示和发送信息。女性个人品牌建立的网站、媒体自主网站等社交网站也可以创建专题链接，进行数据资料库的分享。女性企业家还可以作为参与者或创立者建立属于自己的微博、抖音等账号，积极宣传自己。而在视频网站中，女性企业家可以分享自制的女性个人品牌视频，在一个新闻信息页面中同时链接其他相关的内容，供新媒体用户全方位了解该女性企业家的形象及其所代表的品牌。

三、建立女性个人品牌的评价体系

首先，通过评价，可以了解女性个人品牌信息传播的效率如何、渠道是否需要改变、传播效果对主体工作产生了怎样的影响等。根据评价结果，女性个人品牌可以调整，进行新一轮的定位、策划、传播并产生新的评价。这样的良性循环是一种有效监控，可以形成预警机制，防止危机事件的产生。

但是，目前我国并没有相关的评价体系，这也是影响女性个人品牌建设的重要因素之一。笔者认为，可以从以下几个方面来建立女性个人品牌的评价体系。首先，要重视女性个人品牌的个性和意象。女性个人品牌的独特性可以让受众仅仅通过该女性品牌人的名字就能清晰识别和联想该女性品牌人的工作和活动表现。这种独特性可以通过“知名度”“偏好度”来建立。“知名度”是指受众的规模、构成、行为特点及心理特征等方面的详细数据；“偏好度”是指人们对接收到的信息是否满意以及满意的

① 袁玉珏.全球化时代公共外交中的国家领导人品牌建构研究[D].上海：上海外国语大学，2013.

程度。

其次,通过大众传媒的相关指标来评价女性个人品牌传播的方式和效率。大众传媒主要指报纸、杂志、广播、电视和网络,分别可以用"发行量""收听率""收视率""点击率""网页阅读时间"等维度对这些媒体的传播方式和效率进行评估。

最后,通过女性品牌人工作及出席活动的表现来评价传播对主体工作的影响,即测量国内外受众的态度变化,这可以以国内外受众对其"喜好度"和"认可度"是否产生积极态度作为评价依据。

结 语

虽然在不同的政治、经济、文化、教育背景下,女性个人品牌的发展会在不同程度上受到社会因素、国家政策、组织环境、家庭因素、自身条件等的影响,但是个体的自我完善、组织的关注与培养、社会提供的支持和保障也是帮助女性冲破束缚、获得成功的必要条件。女性需要透过个人与企业的关系,选取适合自己的品牌定位;要通过理念识别、行为识别、形象识别增强个人品牌的差异化优势;要明确自己的角色和目标群体,通过信息传播来改变受众认知,理解单个媒介在改变认知态度和维持发展势头中的作用,通过最佳媒介组合、效果测量等环节提升女性个人品牌影响力;重视女性个人品牌的发展困境、创新女性个人品牌的传播渠道、建立女性个人品牌的评价体系。只有做到以上几点,女性个人品牌才能得到长足发展(见图 8-3)。

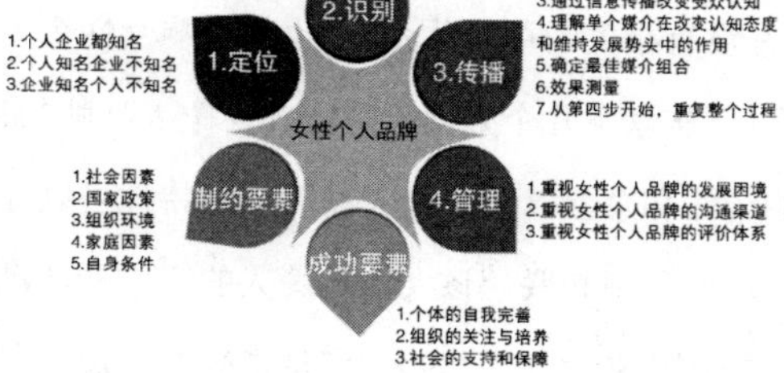

图 8-3　女性个人品牌建构与传播流程

图 8-3 从个体层面描述了组成女性个人品牌建构与传播过程的 6 个维度,帮助

我们结合本书中女性个人品牌建构的宏观视角,从政治、经济、文化、教育等更为广阔的群体视角来思考这一课题,为形成更为完整的女性个人品牌建构与传播分析框架提供新思路(见图 8-4)。

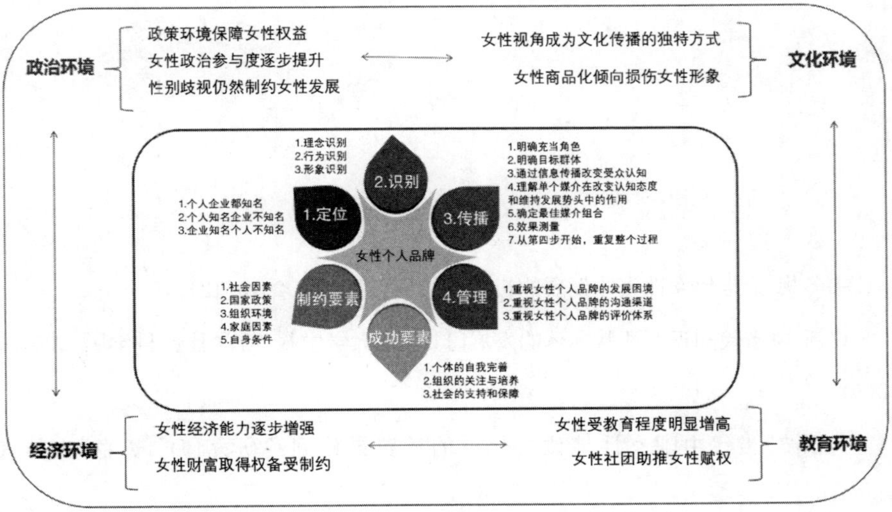

图 8-4　女性个人品牌传播与建构分析框架

参考文献

韦冬梅.论当代女性人才发展的机遇与挑战[J].传承,2015(12).

佟新.现当代知识女性共同体的发展[J].北京大学学报(哲学社会科学版),2015,52(5).

艾玉波.当代中国女性地位变化下的消费异化问题研究[D].长春:吉林大学,2016.

辛闻.习近平:妇女是人类历史前进的推动者[EB/OL].(2013-10-20)[2019-02-11].http://news.china.com.cn/2018-10/20/content_66821914.htm.

吴瑶.女性参政议政比例逐年提高[EB/OL].(2013-03-08)[2019-04-15].http://news.sina.com.cn/c/2013-03-08/051926464579.html.

第十三届全国人大女代表比例达 24.9%,再创新高!(附女代表全名单)[EB/OL].(2018-02-26)[2019-07-21].http:/www.sohu.com/a/224086272_563987.

张小莉.社会性别视角下当代中国女性党政领导人才职业发展研究[D].大连:辽宁师范大学,2014.

张晓利.当代我国女性政治参与的理论与实践研究[D].泰安:山东农业大学,2014.

中国吉林网.调查报告显示 女性对家庭经济的贡献已经达到 35%[EB/OL].(2018-03-08)[2019-06-07].http://www.jl.chinanews.com/tbgz/2018-03-08/34539.html.

尹丽娜.当代中国女性发展问题探析[J].开封教育学院学报,2014,34(12).

刘伯红.女性与高等教育：让机会平等与结果平等双赢[N/OL].中国妇女报，2018-07-03[2019-09-21].http://www.paper.cnwomen.com.cn/content/2018-07/03/050510.html? sh=top.

赵红燕. 论中国当代女性艺术得以发展繁荣的背景因素[D].石家庄：河北师范大学，2008.

张兆曙，陈奇.高校扩招与高等教育机会的性别平等化：基于中国综合社会调查(CGSS2008)数据的实证分析[J].社会学研究，2013，28(2).

袁王珏. 全球化时代公共外交中的国家领导人品牌建构研究[D].上海：上海外国语大学，2013.

徐浩然.个人品牌学会自我经营的生存法则[M].北京：机械工业出版社，2008.

宋轶名.奥美的观点[M].北京：企业管理出版社，2001.

斯图伯特.品牌的力量[M].北京：中信出版社，2000.

巩晓亮. 电视节目主持人品牌研究[D].上海：华东师范大学，2008.

科耐普.品牌智慧[M].北京：企业管理出版社，2001.

科特勒.营销管理：分析、计划与控制[M].梅汝和，等译。上海：上海人民出版社，1996.

彻纳东尼.品牌制胜：从品牌展望到品牌评价[M].蔡晓煦，等译.北京：中信出版社，2002.

何佳讯.品牌形象策划[M].上海：复旦大学出版社，2001.

艾克.品牌管理[M].高登第，译.北京：新华出版社，2001.

AAKER D, BIEL A L. Brand equity and advertising [M]. Hillsdale, NJ: Lawrence Erlbaum Associates，1993.

余明阳，杨芳平.品牌学教程[M].上海：复旦大学出版社，2005.

阿诺德.品牌保姆手册：13 个名牌产品推广重建范本[M].林碧霞，李桂芬，译.台北：时报文化出版企业有限公司，1995.

常凯硕. 个人品牌建构与传播策略研究：以李娜为例[D].呼和浩特：内蒙古大学，2017.

刘广迎.个人品牌[M].北京：中国经济出版社，2008.

jianqiangge.职场人士如何打造个人品牌[EB/OL].(2018-06-12)[2019-07-11]. http:// www.zhuanlan.zhihu.com/p/38002261.

许文锋.解析个人品牌[EB/OL].(2006-10-31)[2017-06-08].http://m.cnbm.net.cn/article/jq69345778.html.

央视网.《面对面》专访:董明珠是怎样炼成的[EB/OL].(2016-12-19)[2019-05-21].http://news.cctv.com/2016/12/19/ARTI4j3Qpe5Nc27tLpKjQSKS161219.shtml

21世纪网.格力董明珠:与空调为伴 愧对儿子[EB/OL].(2014-06-03)[2019-06-21].http://bao.hvacr.cn/201406_2047229.html

营销前线mp.董明珠竟然说,“先款后货”的销售模式成了今天的格力![EB/OL].(2016-11-03)[2019-04-21].http://www.dedns.cn/caijin/1591286.shtml.

谢芸子.董明珠的成功学,只有八个字,她还做了两个广告[EB/OL].(2018-12-03)[2019-03-06].http://www.iceo.com.cn/renwu2013/2018/1203/305618.shtml

格力电器官方.知交会 | 格力的知识产权发展之路 [EB/OL].(2017-09-03)[2019-08-11].https://www.sohu.com/a/169284569_401369.

王媛.董明珠被指搞个人崇拜:要求员工经销商看其自传[EB/OL].(2014-03-13)[2019-03-21].http://finance.sina.com.cn/roll/20140313/073418493638.html.

快科技.董明珠再谈与雷军“十亿赌约”:制造业的崛起才能改变世界[EB/OL].(2015-20-17)[2019-03-01].http://www.chinaz.com.mobile/2018/1217/971220.shtml.

徐琳.企业家个人品牌的塑造与传播研究:以格力集团总裁董明珠为例[J].中国市场,2018(14).

格力电器.格力央视唱响《让世界爱上中国造》[EB/OL].(2018-10-31)[2019-09-06].http://www.sohu.com/a/272428251_620915.

新华网.携手推进品牌强国建设[EB/OL].(2018-12-26)[2019-07-23].http:/xinhuanet.com/tech/2018-12/26/c_1123904273.htm.

黄燕.“董明珠＝格力”还是“董明珠＞格力”[EB/OL].(2015-02-07)[2019-04-03].http://www.zhuanlan.zhihu.com/p/94803047.

格力电器官方.董明珠北师大开讲:年轻人如何成为栋梁之材[EB/OL].(2016-05-24)[2019-07-04].http://www.sohu.com/a/77040143_401369.

央视网新闻.董明珠:年轻人不能都去搞抖音 制造业才能改变世界[EB/OL].(2018-12-18)[2019-01-24]. http://www. baijiahao. baidu. com/s? id = 1620169664161435981&wfr=spider&for=pc.

闻舞视界.网红董明珠小姐大学演讲现场人满为患,自曝年龄 65 岁,赌约必胜[EB/OL].(2018-12-03)[2019-04-29]. https://baijiahao. baidu. com/s? id = 1618843488754023079&wfr=spider&for=pc.

新浪网.长城汽车总裁王凤英:需试主流轿车市场[EB/OL].(2013-03-25)[2019-07-24]. http://finance. sina. com. cn/leadership/crz/20130325/101114941188. shtml?from=wap.

央视网.长城汽车王凤英:优先发展高品质小排量轿车[EB/OL].(2008-03-10)[2019-08-21]. http://cctvenchiridion. cctv. com/special/C20768/20080310/111292. shtml.

果果张、盼."唐僧"老婆,如何一路做到女首富?[EB/OL].(2016-10-26)[2018-03-04].https//news.sina.cn/gn/2016-10-26/detail-ifxwzpsa8678380.d.html.

尹婕.让中国紫檀文化走向世界[EB/OL].(2013-03-09)[2019-08-17].https://http://wenming.cn/wmzh_pd/jj_umzh/201303/t20130309_1108411.shtml.

丁曼丽.政协委员陈丽华:营造和谐投资环境[EB/OL].(2005-03-04)[2019-11-09].http://finance.sina.com.cn/g/20050304/19011404909.shtml.

华夏经纬网.百富榜"第一女富婆"陈丽华的发家秘诀[EB/OL].(2003-10-16)[2017-08-22].http://www.huaxia.com/zt/2003-44/582071.html.

翰墨传情.她建的博物馆,仅次于皇宫![EB/OL].(2017-07-09)[2019-06-07].http://www.sohu.com/a/155708043_300289.

毕亚军.陈丽华:让中国紫檀文化走向世界[J].中国报道,2007(4).

陈丽华.女首富的财富人生[J].现代企业文化,2017(Z1).

南十字世界奇谈.陶华碧亲自传授"老干妈"新吃法,网友拒绝:对不起,家里没矿[EB/OL]. http://baijiahao. baidu. com/s? id = 1617278588322060303&wfr = spider&for=pc.

申鑫,刘尧."老干妈":把 5 块钱生意做成 25 亿[J].中国市场,2010(Z3).

TOP人物.神奇女神"老干妈"[EB/OL].(2018-08-15)[2019-09-04].https://www.hidianzixun.com/article/0JnrzEzR? s=oppobrowser&appid=oppobrowser&_pf_=detail&impid=0Jmv5yy3_1534410485407.

资本门."老干妈"陶华碧退隐幕后,千亿级品牌选择不盲目上市是家族传承之道|资本门人物[EB/OL].(2017-11-11)[2017-12-29].https://m.sohu.com/a/203741006_334665.

佚名."老干妈"的财富经[J].中国林业产业,2014(8).

李爱国.解读陶华碧成功神话[J].金融经济,2005(1).

张立娜."老干妈"创始人陶华碧:我不坚强,就没得饭吃[M].北京:华文出版社,2016.

Bob Kou.创业人生 | 张茵:从一无所有到身价四百亿[EB/OL].(2017-12-17)[2019-09-19].https://www.sohu.com/a/211010130_816809.

创业家.张茵辞职创业,成为废纸回收大王,现今身家290亿[EB/OL].(2018-07-15)[2019-04-12].http://www.sohu.com/a/241281770_117373.

魏无忌.从废品里诞生的百亿女富翁!张茵:我曾卑微如尘土,如今冲上云霄[EB/OL].(2018-10-09)[2019-02-06].http://www.sohu.com/a/258939424_664803.

吴程涛.张茵蜕变"血汗门"[EB/OL].(2008-06-22)[2019-07-03].http://www.wyzxwk.com/Article/shidai/2009/09/38592.htm.

王潇.[专访]时隔三年张茵再获亚洲年度CEO,玖龙2018年计划曝光![EB/OL].(2017-04-05)[2019-03-27].http://www.sohu.com/a/132067411_167159

贾海清,麦婉华.张茵:"废纸女王"的扶贫情结[EB/OL].(2017-03-24)[2019-08-15].http://www.sohu.com/a/130200087_658762

杨超.政协委员张茵笑称:企业家只为赚钱就白活了[EB/OL].(2012-03-06)[2019-08-17].http://news.sohu.com/20120306/n336811958.shtml

夏不安.吴亚军:立功路上 未敢立言[EB/OL].(2010-03-21)[2017-03-19].http://finance.sina.com.cn/leadership/crz/20100312/11207553504.shtml? from=wap.

张涛.吴亚军:风物长宜放眼量[J].城市住宅,2014(Z1).

姚欢.吴亚军:温婉女人 心有大梦[J].中国林业产业,2013(Z1).

丁蕊.吴亚军:远虑和近忧[EB/OL].(2014-03-01)[2017-05-26].http://www.cb.com.cn/person/2014_0301/1041050_2.html.

夏不安.吴亚军:立功路上,未敢立言[J].中国企业家,2010(5).

李艳艳.吴亚军步入新战场[J].中国企业家,2018(18).

佚名.她24年建千亿元房产帝国用200亿元换单身[J].现代营销(经营版),2017(12).

杨清清.本报独家专访 蓝思科技周群飞:路还很长[EB/OL].(2016-09-19)[2019-04-18].http://www.sohu.com/a/114584420_115443.

黄秋霞.白手起家的周群飞:如何建立蓝思基业[EB/OL].(2015-08-05)[2019-03-11].http://hunan.ifeng.com/news/fghx/detail_2015_08/05/4191239_0.shtml.

BARBOZA D.纽约时报聚焦周群飞:打工妹出身的中国女富豪[EB/OL].(2015-08-03)[2019-01-24].https://www.guancha.cn/economy/2015_08_03_329146.shtml.

莉行观察.吴小莉对话周群飞|凤凰网湖南独家文字实录[EB/OL].(2018-03-17)[2018-08-04].http://hunan.ifeng.com/a/20180317/6439881_0.shtml.

曹雷.蓝思科技周群飞:传奇人生,因坚持而精彩[EB/OL].(2016-10-12)[2019-07-09].http://zf.southmoney.com/interview/201610/345.html.

佚名.蓝思科技董事长周群飞:关了(深圳)一个工厂 赔偿员工两个多亿![EB/OL].(2019-04-25)[2019-09-21].http://hunan.ifeng.com/a/20181221/7112888_0.shtml.

黎鑫,陈宗昊.快讯|周群飞亮相全国政协十三届二次会议第二场记者会[EB/OL].(2019-03-06)[2019-10-26].http://baijiahao.baidu.com/s?id=1627247210604546607&wfr=spider&for=pc.

王玉凤.深商全球大会看点:企业表态立足大湾区整合产业链[EB/OL].(2019-01-15)[2019-07-02].https://m.yicai.com/news/100099540.html.

李玥.贾军:守护摇篮里的梦[N/OL].中国青年报,2013-04-16[2019-06-21].http://zqb.cyol.com/html/2013-04/16/nw.D110000zqnb_20130416_3-06.htm.

陈抗.华策影视创始人赵依芳:我人生的三个关键节点[EB/OL].(2018-08-07)[2019-04-19].https://xw.qq.com/cmsid/20180807A0GZ5G/20180807A0GZ5G00.

邹玲.赵依芳　我不是“女魔头”[J].中国企业家,2015(17).

李佳.赵依芳:不仅仅是爆款专业户[J].中国企业家,2017(7).

洛小嫢.[新国剧访谈录]赵依芳:纯为赚钱不要来影视行业[EB/OL].(2019-07-09)[2019-11-23].https://ent.sina.com.cn/v/m/2019-07-09/doc-ihytcitm0752750.shtml.

雷晓宇.杨澜:我所经历的失败和艰辛[J].新闻天地(上半月),2011(5).

腾讯公益.杨澜:专业性是公益的生命[EB/OL].(2013-05-30)[2019-06-22].https://gongyi.qq.com/a/20130530/020059_all.htm.

凤凰网.分众传媒:多屏融合提高媒体投放ROI[EB/OL].(2013-04-18)[2019-05-14].http://biz.ifeng.com/tech/special/2013effie/baogao/detail_2013_04/18/724263_0.shtml.

雷建平.分众传媒CEO江南春:要通过投资并购,在影视体育领域再造一个分众[EB/OL].(2016-06-02)[2019-08-04].http://www.tech.qq.com/a/20160602/006271.htm.

360个人图书馆.陈岩:每一次都是全新的开始,但我无所畏惧[EB/OL].(2019-02-21)[2019-03-22].http://www.360doc.com/content/19/0221/20/36628731_816617238.shtml.

媒介杂志.分众传媒:户外媒体场景化的领跑者[EB/OL].(2018-06-08)[2019-07-03].http://www.sohu.com/a/234739417_809031.

张薷心.数字媒体行业的领跑者:专访分众传媒合伙人兼首席战略官陈岩女士[EB/OL].(2018-02-13)[2019-05-09].http://cicn.com.cn/zggsb/2018-02/13/cms104577.article.shtml.

戴军.你好!我是李静[EB/OL].(2016-01-11)[2019-07-23].https://fashion.qq.com/a/20160111/059595.htm.

央视网.著名主持人李静不为人知的传奇创业经历[EB/OL].(2013-01-12)[2019-03-17].http://jingji.cntv.cn/2013/01/12/ARTI1357957291966281_2.shtml.

白明婷.李静:不一样的创业者[EB/OL].(2014-02-18)[2019-08-06].http://www.chinaz.com/visit/2014/0214/339016_3.shtml.

腾讯公益.李静:做公益不需要太多漂亮话[EB/OL].(2013-12-27)[2019-03-25].https://gongyi.qq.com/a/20131227/016483.htm.

毛予菲.张泉灵:创业赶上了“下半场”[J].中国工人,2017(4).

猎云网.张泉灵:时代扔掉你的时候,连一声再见都不会跟你说[EB/OL].(2018-02-04)[2019-07-21].https://www.lieyunwang.com/archives/410300.

于蓓.“我消灭你,和你无关”:从央视主持人张泉灵离职谈传统媒体重塑思维[J].声屏世界,2016(4).

毛予菲.张泉灵,创业赶上了“下半场”[EB/OL].(2016-12-26)[2019-08-11].http://hqrw.com.cn/2016/1226/59258.shtml.

李原.张泉灵 相信新事物的颠覆性[J].中国企业家,2018(17).

佳传媒.张泉灵力挺人人公益,助力不凡生命[EB/OL].(2019-09-24)[2019-12-02].http://baijiahao.baidu.com/s? id=1645561962881818270&wfr=spider&for=pc.

冯禹丁.孙亚芳:“最有权势女性”的失权传说[J].商务周刊,2011(6).

荆文静,吴勇.华为告别女皇 任正非背后的“虎妈”卸任了[EB/OL].(2018-03-23)[2019-06-21].http://finance.sina.com.cn/chanjing/gsnews/2018-03-23/doc-ifysnevm3385488.shtml.

杨芬.“华为女皇”孙亚芳[J].企业观察家,2017(3).

单丹.孙亚芳:在华为能与任正非比肩的女人[J].商业观察,2017(4).

创投圈.她掌管 600 亿美元帝国,马云背后最重要的女人[EB/OL].(2016-09-06)[2019-04-21].http://www.sohu.com/a/113676916_106390.

郭朝飞.攻心者彭蕾[J].互联网经济,2019(Z1).

百度百科.支付宝(第三方支付平台)[EB/OL].https://baike.baidu.com/item/支付宝/496859? fr=aladdin.

Emma.彭蕾:曾发誓这辈子都不要跟钱打交道 蚂蚁金服只是一个稍微有点规模的创业公司[EB/OL].(2016-10-17)(2015-20-17)[2019-07-13].http://www.sohu.com/a/116344154_323328.

全天候科技.蚂蚁金服彭蕾撰文致敬阿里 18 岁:生命里总得要有什么值得你为他燃烧一回[EB/OL].(2017-09-11)[2019-06-11].http://www.sohu.com/a/

191200730_130887.

阿里铁军.彭蕾:我最奢侈的梦想是用触碰心灵的方式管理人[EB/OL].(2018-05-19)[2019-07-13].http://www.finance.sina.com.cn/china/grcj/2018-05-19/doc-ihatur/s7709111.shtml.

新浪科技.蚂蚁金服彭蕾:有女人的地方才不会干巴巴[EB/OL].(2015-05-20)[2019-08-03].https://tech.sina.com.cn/i/2015-05-20/doc-icpkqeaz4861565.shtml.

海心."支付宝女王"彭蕾:痛并快乐着[J].劳动保障世界,2015(22).

百略网.一路躺赢胡玮炜[EB/OL].(2018-12-23)[2019-05-19].http://www.twoeggz.com/news/12725265.html.

粥左罗喵爷.摩拜单车创始人胡玮炜 32 分钟演讲:为什么做出摩拜的人是我?[EB/OL].(2016-12-26)[2019-08-09].https://www.digitaling.com/articles/33604.html? from=groupmessage.

江文.胡玮炜:一切只是新的开始[J].商业文化,2018(10).

投行圈子.胡玮炜离职背后:一个互联网造富假象的破裂![EB/OL].(2018-12-24)[2019-04-06].https://caifuhao.eastmoney.com/news/20181224180603630021270.

东阳草根新闻.东阳美女 CEO 胡玮炜 32 分钟演讲!在总理对面畅谈梦想[EB/OL].(2017-01-20)[2019-07-24].https://www.m.sohu.com/a/124795409_532911/?pvid=000115_3w_a.

创业邦.被资本疯抢的摩拜,也曾靠民间借贷续命……光鲜背后你不知道的胡玮炜[EB/OL].(2017-03-09)[2019-06-02].https://www.cyzone.cn/article/158438.html.

何文琳."膜拜"单车的女孩胡玮炜:让我们的城市生活更美好[EB/OL].(2017-03-29)[2018-04-01].http://xmwb.xinmin.cn/campus/html/2017-03-/29-content_5_1.html.

小零."套现 15 亿"的摩拜胡玮炜:就算是花瓶又怎样?[EB/OL].(2019-05-24)[2019-09-06].http://www.shou.com/a/316233393_201359.

李天昀.社交应用变迁背景下的"网红"传播与生产机制[J].艺术评论,2016(7).

恽嘉欣,韩笑,宋永琴.新闻报道中的网络红人媒介形象研究:以门户网站对 Papi 酱的报道为例[J].东南传播,2016(11).

方贤洁.浅析自媒体时代网络红人的话语权建构:以网络红人“Papi 酱”为例[J].新闻研究导刊,2016(8).

周星.网络吐槽现象的正反观:观察 Papi 酱的网红现象[J].人民论坛,2016(13).

吴小飞. 网红经济的内容生产研究:以 Papi 酱、张大奕、小智为例[D].合肥:安徽大学,2017.

吴凤.自媒体时代的个人品牌传播:以 Papi 酱为例[J].西部广播电视,2016(5).

徐慧媛.从内容生产看网络红人“Papi 酱”走红的原因[J].西部广播电视,2016(4).

颜笑宇.网红与粉丝在微博中的互动仪式研究[D].重庆:四川外国语大学,2017.

杨宁.用 205 平方米探索柴米油盐与生活美学[N/OL].中国青年报,2015-12-25[2019-04-09]. http://www. zqb. cyol. com/html/2025-12/25/nw. d110000zgqnb.20151225_2-05.html.

钵仔糕.格调小店:鲜花与美食的另类碰撞[EB/OL].(2017-08-11)[2019-03-04].http://www.manageshare.com/post/431714.

凯特周设计师精品.凯特周 Girl Power 女性力量访谈录:美食界的花仙子[EB/OL].(2017-11-17)[2019-08-22].http://www.sohu.com/a/204930910_486398.

彭敬. 全面两孩政策对企业女职工职业发展影响研究:以成都为例[D].成都:四川省社会科学院,2017.

温佳甲.女性领导力发展困境及提升对策研究:基于八师石河子市 70 名女性领导干部的调查[D].石河子:石河子大学,2017.

刘梦羽.2017 中国女性创业报告[EB/OL].(2017-04-20)[2019-09-14].http://www.myzaker.com/article/58f8747clbc8e04912000000.

中欧国际工商学院.不看好女领导? 看完这篇文章再说也不迟[EB/OL].(2019-03-08)[2019-05-14].http://www.sohu.com/a/299847149_177801.

消费者研究.OECD:2018 年教育报告[EB/OL].(2018-10-13)[2019-04-09].http://zn--www-2o028ga8206fa7156d17f.

李爱芹.女性媒介形象的偏差塑造现象研究[J].湖南大众传媒职业技术学院学报,2007(1).

韩璐.《南方人物周刊》中都市精英女性媒介形象的呈现与传播[D].呼和浩特:内蒙古大学,2015.

陆跃祥.简论品牌意识的研究[J].中国青年政治学院学报,2006(6).

图书在版编目(CIP)数据

女企业家个人品牌建构与传播策略研究 / 宫月晴著. --北京:中国传媒大学出版社,2021.6

ISBN 978-7-5657-2870-9

Ⅰ.①女… Ⅱ.①宫… Ⅲ.①品牌—传播—研究 Ⅳ.①F273.2

中国版本图书馆 CIP 数据核字(2020)第 269415 号

女企业家个人品牌建构与传播策略研究

NÜQIYEJIA GEREN PINPAI JIANGOU YU CHUANBO CELÜE YANJIU

著　　者　宫月晴
策划编辑　李水仙
责任编辑　蒋　倩　姜颖昳
封扉设计　大鹏设计
责任印制　李志鹏

出版发行　中国传媒大学出版社
社　　址　北京市朝阳区定福庄东街 1 号　　**邮　　编**　100024
电　　话　86-10-65450528　65450532　　**传　　真**　65779405
网　　址　http://cucp.cuc.edu.cn
经　　销　全国新华书店

印　　刷　唐山玺诚印务有限公司
开　　本　710mm×1000mm　1/16
印　　张　13.75
字　　数　234 千字
版　　次　2021 年 6 月第 1 版
印　　次　2021 年 6 月第 1 次印刷

书　　号　ISBN 978-7-5657-2870-9/F·2870　　**定　　价**　62.00 元

本社法律顾问:北京李伟斌律师事务所　郭建平